A Bíblia das Crianças

Copyright © 2007 Arcturus Holding Limited.

Dados Internacionais de Catalogação na Publicação (CIP)
Angélica Ilacqua CRB-8/7057

A Bíblia das crianças : histórias ilustradas do antigo e novo testamento / concepção e coordenação de Fiona Tulloch ; tradução de Aline Coelho. -- Brasil : Pé da Letra, 2019.
   208 p. : il.

ISBN 978-85-9520-192-7
Título original: Children's bible

1. Histórias bíblicas - Literatura infantojuvenil I. Tulloch, Fiona II. Coelho, Aline

19-1718   CDD 220.9505

Pé da Letra Editora Ltda.
CNPJ: 59.916.759/0001-61
Rua Coimbra, 255 - Jardim Colibri
Cotia - SP - 06712-410
Telefone (11) 3733-0404
pedaletraeditora@terra.com.br

Concepção e coordenação: Fiona Tulloch
Ilustrações: Q2A Media
Tradução: Aline Coelho
Edição: Isabela Carvalho
Diagramação: Deborah Takaishi

Impresso no Brasil

A Bíblia das Crianças

Histórias ilustradas do
Antigo e Novo Testamento

Sumário

Introdução 6-7	O Sonho do Rei 34
Mapa das Terras Bíblicas 8-9	A Grande Fome 35
A Criação 10-11	A Reunião de Família 36-37
A Tentação de Eva 12-13	O Bebê Moisés 38-39
Caim e Abel 14-15	Príncipe do Egito 40
A Arca de Noé 16	Moisés e a Sarça Ardente 41
O Arco-Íris da Aliança 17	As Terríveis Pragas 42-43
A Torre de Babel 18	A Páscoa 44
A Promessa de Deus para Abraão 19	Fuga do Egito 45
Abraão no Egito 20	A Travessia do Mar Vermelho 46
A Escolha de Ló 21	Maná do Céu 47
Hagar e Ismael 22	Os Dez Mandamentos 48-49
Sodoma e Gomorra 23	O Bezerro de Ouro 50-51
O Nascimento de Isaque 24	O Retorno de Moisés 52
A Prova de Abraão 25	A Jornada Começa 53
Isaque e Rebeca 26-27	A Desobediência de Moisés 54
Esaú e Jacó 28	Deus e Balaão 55
O Sonho de Jacó 29	A Morte de Moisés 56
Jacó é Enganado 30	Raabe e os Espiões 57
Jacó Luta com Deus 31	Cruzando o Rio Jordão 58
A Túnica Colorida 32	As Muralhas de Jericó 59
José no Egito 33	Gibeom Engana Josué 60
	Josué Divide a Terra 61
	As Tribos e o Altar 62
	Débora e Jael 63
	Deus Vem a Gideão 64
	Jotão e Abimeleque 65
	Sansão e o Leão 66
	Sansão e Dalila 67
	Rute e Boaz 68
	O Filho de Ana 69
	Deus Visita Samuel 70-71
	Saul se Torna Rei de Israel 72
	Saul se Esquece de Deus 73
	Davi e Golias 74-75
	Jônatas Salva Davi 76
	Davi e Abigail 77
	Rei Davi 78
	Davi e Bate-Seba 79
	Absalão se Rebela 80
	Davi Escolhe Salomão 81
	O Pedido de Salomão 82

O Rei Sábio	83
Templo de Salomão	84
A Visita da Rainha de Sabá	85
Pecados de Salomão	86
Acabe e Jezabel	87
Elias, o Mensageiro de Deus	88-89
Elias e os Profetas de Baal	90
A Jornada Final de Elias	91
A História de Joás	92
Ezequias se Volta para Deus	93
Amós e Oseias	94-95
Jonas e a Tempestade	96-97
Isaías Anuncia o Futuro	98
Esdras Mostra o Caminho	99
Jeremias e o Vaso de Barro	100
Satanás Prova Jó	101
Daniel e seus Amigos	102
A Fornalha Ardente	103
A Escrita na Parede	104-105
Daniel na Cova dos Leões	106-107
Ezequiel, o Profeta	108
Neemias e o Muro de Jerusalém	109
Rainha Ester	110
Ester Salva os Judeus	111
Introdução ao Novo Testamento	112-113
Uma Mensagem de Deus	114
Um Anjo do céu	115
Nasce o Salvador	116-117
Os Três Reis Magos	118-119
Ordem de Herodes	120-121
João Batiza Jesus	122-123
Jesus Encontra Satanás	124
As Bodas de Caná	125
Jesus Encontra os Pescadores	126
Jesus Cura a Enferma	127
Jesus Cura o Leproso	128
O Paralítico Anda	129
Jesus Acalma a Tempestade	130-131
A Filha de Jairo	132-133
Jesus Chama Mateus	134-135
Os Discípulos são Escolhidos	136-137
A Morte de João Batista	138
A Primeira Multiplicação dos Pães	139
Milagre no Mar	140-141
O Sermão da Montanha	142-143
A Oração do Senhor	144-145

Jesus e a Mulher Adúltera	146
Jesus Prevê sua Morte	147
A Transfiguração	148-149
O Bom Samaritano	150-151
A Ovelha Perdida	152
As Dez Moças	153
O Filho Pródigo	154-155
O Rico e Lázaro	156-157
Lázaro Vive!	158-159
Jesus Entra em Jerusalém	160-161
Jesus no Templo	162-163
Jesus e os Fariseus	164-165
A Última Ceia	166-167
O Jardim de Getsêmani	168-169
Pedro Nega Jesus	170-171
O Julgamento de Jesus	172-173
A Crucificação	174-175
Jesus se Levanta da Sepultura	176-177
Jesus Visita seus Discípulos	178
O Milagre dos Peixes	179
A Ascensão de Jesus	180-181
A Igreja Primitiva	182
O Primeiro Mártir	183
A Conversão de Saulo	184-185
Paulo é Preso	186
Náufragos	187
As Cartas de Paulo	188
Deus Mostra o Caminho a Pedro	189
A Visão de João	190-191
Pessoas e Lugares	192-199
Glossário	200-203
Índice	204-208

Introdução

A Bíblia é o livro sagrado do cristianismo. Ela nos ensina a importância de ter fé em Deus e em seu filho, Jesus, como viver uma vida de acordo com os ensinamentos que Deus nos deu e também nos orienta sobre como evitar as tentações. As histórias da Bíblia podem ser apreciadas por todos, sejam ou não cristãos. Afinal, todos podem aprender com a sabedoria e os ensinamentos que este livro apresenta.

A Bíblia está dividida em duas partes – o Antigo Testamento e o Novo Testamento. O Antigo Testamento nos conta como Deus criou a Terra e todas as criaturas que vivem nela. Nesta parte, lemos sobre a história do povo judeu até alguns séculos antes do nascimento de Jesus. O Novo Testamento nos fala sobre a vida e pregações de Jesus, sobre sua morte e ressurreição, e narra os primeiros dias da igreja cristã. (Você pode ler mais sobre o Novo Testamento na página 112).

O Antigo Testamento foi originalmente escrito em hebraico e é composto por 39 livros. Os cinco primeiros livros relacionam-se com a história de Moisés, o grande líder israelita que libertou seu povo do Egito e os levou para a Terra Prometida, em Canaã. A história do Antigo Testamento começa, no entanto, muito antes do tempo de Moisés, com a criação de Adão e Eva, os primeiros seres

humanos. Na sequência, vêm as histórias dos antepassados dos israelitas, como Noé, Abraão, Isaque, Jacó e José.

Depois dos cinco primeiros livros, a história segue com a saga e luta para sobrevivência do povo judeu. Aqui encontramos detalhes da vida de reis israelitas bastante conhecidos, como Saul, Davi e Salomão, além de heróis como Gideão e Sansão.

Em seguida, temos os Salmos e o Cântico dos Cânticos, que são livros recheados de poesia e canções. Na sequência, a surpreendente história de Jó, além de Provérbios e Eclesiastes, livros de sabedoria e aconselhamento.

Por fim, vêm os 17 livros de grandes profetas, como Amós, Isaías e Jeremias, que levaram a palavra de Deus ao povo de Israel e Judá. Deus queria mostrar a seu povo o seu amor por eles e também alertá-los sobre o que aconteceria se não mudassem seus corações e continuassem agindo por maus caminhos. Deus também prometeu enviar a eles o Messias, o que ele cumpriu ao enviar seu filho Jesus para a terra.

Mapa das Terras Bíblicas

ITÁLIA
Roma
Mar Adriático
TRÁCIA
MACEDÔNIA
Filipi
Tessalônica
MÍSIA
Mar Egeu
GRÉCIA
LÍDIA
FRÍ[GIA]
SICÍLIA
Atenas
Éfesos
Corinto
Colossos
LÍCIA
CRETA

Mar Mediterrâneo

A Criação

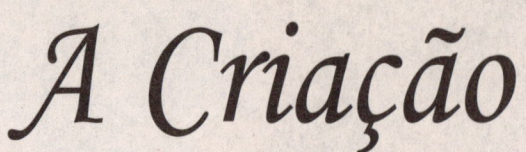

Gênesis 1:26 Então Deus disse: "E agora façamos o homem à nossa imagem, conforme a nossa semelhança. Eles terá domínio sobre os peixes, as aves e todos os animais, domésticos e selvagens, grandes e pequenos".

No princípio, Deus criou os céus e a terra. A escuridão cobria o mar, e o Espírito de Deus se movia sobre as águas.

Um dia, Deus disse: "Haja luz!" e a Terra ficou cheia de luz. Deus estava satisfeito com isso e chamou a luz de "dia" e as trevas de "noite". A tarde passou e depois veio outra manhã – e este foi o primeiro dia.

Então Deus disse: "Que haja um firmamento, para separar os céus da terra".

Deus chamou o firmamento de "céu". Mais uma vez, houve noite e manhã – e este foi o segundo dia.

No terceiro dia, Deus disse: "Deixa secar as águas para aparecer o chão".

Ele chamou a parte seca de "terra", e as águas ele chamou "mares". Satisfeito com o que viu, Deus ordenou: "Que a terra produza vegetação e sementes e árvores frutíferas de todo tipo". E, antes que o terceiro dia terminasse, a terra ficou coberta com belas árvores e vegetação.

No dia seguinte, Deus colocou luzes no céu para separarem o dia da noite, marcar os dias, as estações e o passar dos anos. E assim foi feito. Deus nomeou os dois luminares: o maior, o "sol", para governar o dia, e a "lua", para governar a noite, separando a luz das trevas. A noite passou e a manhã chegou, marcando o fim do quarto dia.

No quinto dia, Deus desejou que toda a sua criação fosse habitada. Passou o dia criando seres que flutuavam, nadavam e mergulhavam na água e outros que voavam, movendo-se no ar. Então o mar encheu-se de peixes e criaturas marinhas, e o ar de pássaros e insetos. A noite passou, e veio a manhã.

Então Deus disse: "Que a terra produza todo tipo de animal: rebanhos domésticos, animais selvagens e os demais seres vivos da terra, cada um de acordo com a sua espécie". E Deus viu que aquilo era bom.

Por fim, Deus pegou um punhado de terra e modelou um ser à sua imagem e semelhança. Ele soprou em seu nariz, transformando-o em ser vivo. E assim foi criado o primeiro ser humano, Adão. Deus o encarregou de cuidar de todos os outros seres vivos e da terra. E esse foi o sexto dia.

Foi assim que o universo e a terra foram criados. No sétimo dia, Deus havia terminado a sua obra e descansou. Ele abençoou o sétimo dia, porque ele era o seu dia especial de descanso, depois da criação do mundo.

Você sabia?

O dia de descanso é chamado sábado. Muitas pessoas não trabalham nesse dia para honrá-lo a Deus.

Deus plantou um lindo jardim, chamado Éden, para Adão viver. Era um lugar cheio de animais, plantas e flores, incluindo árvores carregadas de deliciosas frutas para eles comerem. Deus também plantou duas árvores especiais – a árvore da vida e a árvore do conhecimento do bem e do mal.

"Você pode comer as frutas de qualquer árvore do jardim, exceto da árvore do conhecimento do bem e do mal", disse Deus a Adão. "Se você fizer isso, você vai morrer."

Adão viveu feliz no Jardim do Éden até que ele percebeu que estava sozinho. Vendo isso, Deus esperou até que Adão fosse dormir e cuidadosamente tirou uma de suas costelas. A partir dela, ele fez uma mulher chamada Eva. Ela foi a primeira mulher que Deus criou e se tornou a esposa de Adão.

Adão e Eva tinham uma vida maravilhosa no Jardim do Éden até o dia em que foram confrontados por uma serpente astuta.

"Deus realmente disse para não comer da árvore do conhecimento do bem e mal?", perguntou a serpente.

"Sim", disse Eva. "Se Adão ou eu mesma sequer tocarmos o fruto da árvore que está no meio do jardim, nós morreremos".

"Ah, isso não é verdade", sibilou a serpente. "Deus só disse isso porque sabe que quando se come do fruto dessa árvore, você se torna como ele. Você saberá a diferença entre o bem e o mal, assim como Deus sabe".

A serpente ardilosa deslizou pela grama e rapidamente subiu pela árvore do conhecimento do bem e do mal.

Olhando para cima, Eva podia ver o fruto sedutor pendurado na árvore. Incapaz de resistir, Eva pegou-o e começou a comê-lo. Então, como a serpente se afastou, Eva ofereceu o fruto para Adão, que também não resistiu e comeu um pedaço.

De repente, tudo no Éden parecia diferente. O fruto da árvore do conhecimento do bem e do mal tinha dado a Adão e Eva discernimento. Percebendo que estavam nus, sentiram vergonha e então amarraram folhas de figueira para cobrir seus corpos.

"Onde você está?", chamou Deus, e Adão tentou esconder sua nudez atrás de um arbusto. "Por que você comeu o fruto da árvore proibida?"

"Eva me deu o fruto", respondeu Adão, inclinando a cabeça de vergonha.

"Foi culpa da serpente. Ela me disse que se eu comesse o fruto eu me tornaria tão sábia quanto você" – disse Eva.

Muito desapontado com tudo aquilo, Deus disse a Adão e Eva. "Por meio da sua desobediência, dor e sofrimento entraram no mundo", e completou: "De agora em diante, suas vidas serão marcadas por dificuldades e sofrimento". Com isso, eles foram banidos do Jardim do Éden para sempre.

Caim e Abel

Gênesis 4:7 "Se você tivesse feito a coisa certa, você estaria sorrindo; mas porque você fez o mal, o pecado está à sua porta. Ele quer dominá-lo, mas você precisa vencê-lo".

Depois que Adão e Eva desobedeceram a Deus, a vida deles se tornou difícil e penosa. Apesar do muito trabalho e da tristeza, Deus deu dois filhos a eles, Caim e Abel.

Abel cresceu e se tornou pastor de ovelhas, cuidando o tempo todo dos rebanhos. Caim tornou-se agricultor. Todos os dias ele ia para os campos, arava a terra, e plantava sementes.

Um dia, Caim resolveu fazer uma oferta a Deus, mas não queria desperdiçar sua colheita ofertando a melhor parte. Então separou alguns pedaços de frutas e legumes. Ele pensou que, se Deus era dono de todo o restante do mundo, então sua oferta não tinha muita importância.

Já Abel era grato a Deus. Ele acreditava que tudo o que tinha pertencia a Deus. Então pegou o primeiro carneirinho nascido no seu rebanho, matou-o e ofereceu as melhores partes ao Senhor.

Deus ficou muito satisfeito com Abel, mas rejeitou a oferta de Caim. Então Caim ficou furioso e gritou com o irmão mais novo. E Deus disse a Caim: "Se você tivesse dado a mim sem pensar na quantidade, também teria a minha aprovação". Caim então foi chamar Abel para caminhar com ele no campo. Assim que ficaram sozinhos, Caim matou o irmão.

"Caim, onde está seu irmão, Abel?", perguntou Deus.

"Não faço ideia", disse Caim. "Sou eu o guardião do meu irmão?"

Mas Deus tinha visto o que Caim tinha feito e disse, com uma voz cheia de raiva: "Por que você fez essa coisa terrível? Eu posso ver claramente o sangue do seu irmão em suas mãos! Por seus terríveis pecados, você deve deixar este lugar e vagar pela terra sem rumo para sempre".

"Mas Senhor, quem quer que me encontre saberá que me puniu e vai querer me matar".

Deus mostrou a extensão da sua misericórdia dizendo a Caim: "Eu te protegerei. Se alguém matar você, sete vidas serão tomadas como vingança".

Com isso, Deus colocou uma marca em Caim para avisar as pessoas para não matá-lo, e o mandou para a terra de Node, onde vagou sobre a terra para sempre.

Você sabia?

Hoje, ir para a terra de Node significa ir dormir.

A Arca de Noé

Gênesis 7:1 O Senhor disse a Noé: "Entre na arca com toda a sua família, pois você é o único em todo o mundo que faz o que é certo".

Com o passar dos séculos, Deus ficou desapontado com o modo como as pessoas tinham escolhido viver. Mas havia um homem que o agradou. Seu nome era Noé.

"Estou muito desapontado com as pessoas que eu criei, então decidi castigá-los e vou inundar o mundo", Deus disse-lhe. "Mas porque você viveu uma vida tão boa, eu vou salvar a você e sua família".

Deus disse a Noé para construir uma arca que seria grande o suficiente para ele e sua esposa, seus filhos e suas esposas, e um casal de cada espécie de animal e aves. Assim, quando acabou de construir a arca e a encheu com centenas de criaturas, começou a chover sem parar.

O dilúvio durou quarenta dias. Rios transbordaram, e o nível da água subiu tanto que tudo que estava fora da arca pereceu. Somente depois de cento e cinquenta dias o nível da água começou a baixar e a arca pousou nas montanhas de Ararate.

Noé queria saber se a terra estava seca o suficiente para todos deixarem o arca, então ele soltou um dos corvos da arca. Mas o corvo ficou voando em círculos. Noé então soltou uma pomba, e ela voltou, pois não tinha onde pousar.

Depois de mais sete dias, Noé soltou a pomba novamente. Desta vez, a ave retornou ao entardecer, carregando uma folha nova de oliveira no bico. Ela encontrara terra seca!

O Arco-Íris da Aliança

Gênesis 8:21 "Nunca mais amaldiçoarei a terra por causa do que as pessoas fazem; pois o coração do homem é inclinado para o mal desde a infância", disse o Senhor.

Quando Noé, sua família e todos os animais e aves estavam em segurança em terra firme, Deus olhou para eles e fez uma promessa.

"Agora que você está de volta à terra, está livre para encontrar novas casas para sua família. Os animais devem ser libertados para que eles também possam encontrar novas casas, a fim de que o mundo possa se tornar cheio novamente", disse Deus.

"Mas eu prometo que não importa se as pessoas decidirem viver suas vidas perversamente, nunca mais enviarei um dilúvio para destruir a Terra. Se chover por muito tempo e achar que esqueci dessa promessa, olhe para o céu e eu lhe mostrarei um sinal de que não me esqueci".

Quando Noé e sua família olharam para cima, havia um lindo arco-íris no céu.

"O arco-íris sempre lembrará vocês da minha promessa a toda criatura que vaga sobre esta terra, por agora e todo o sempre", Deus disse a eles.

Nos anos que se seguiram, Noé, que viveu até se tornar um homem muito velho, diversas vezes olhou para os belos arco-íris no céu e lembrou-se da promessa de Deus. Ele serviu ao Senhor fielmente todos os dias de sua vida longa e feliz.

A Torre de Babel

Gênesis 11:4 Eles disseram: "Agora vamos construir uma cidade com uma torre que alcance os céus, assim seremos famosos e não seremos espalhados pelo mundo inteiro".

Depois do grande dilúvio, os descendentes de Noé se espalharam por várias direções pela terra. Um grupo decidiu que faria da Babilônia o seu novo lar. Logo depois, eles começaram a conversar sobre como iriam construir suas casas.

Como as pessoas aprenderam a fazer tijolos e construir, eles planejaram fazer as maiores e melhores casas. Um dia, algumas dessas pessoas sugeriram que deveriam construir não apenas casas, mas uma cidade magnífica. "Podemos até fazer a torre mais alta do mundo e então nós seremos os melhores!", eles aplaudiram.

Deus viu como as pessoas começaram a trabalhar ansiosamente na torre. Ele viu as paredes ficando mais altas e as ideias maiores e mais ousadas.

Ele sabia que em pouco tempo todos pensariam que poderiam fazer qualquer coisa e que nada era impossível. Aquelas pessoas estavam começando a pensar que eram deuses entre os homens!

Então, antes da torre estar terminada, Deus decidiu puni-los por sua vaidade. A partir daquele dia, as pessoas que costumavam falar a mesma língua, começaram a falar línguas diferentes.

Foi o caos! Os construtores não conseguiam se entender mais, e não podiam mais seguir com seus planos.

A grande torre nunca ficou pronta e passou a ser conhecida como a Torre da Confusão, ou Torre de Babel.

A Promessa de Deus para Abraão

Gênesis 12:2 "Eu te darei muitos descendentes e eles vão se tornar uma grande nação. Eu vou te abençoar e o seu nome será famoso, e você será uma bênção para os outros", disse o Senhor.

Abraão e sua esposa, Sara, moravam na cidade de Harã. Embora eles fossem ricos e tivessem muitas posses, o casal não poderia ter a única coisa que eles realmente desejavam – um filho.

O sobrinho de Abraão, Ló, era como um filho para ele. Mas Ló já era adulto e tinha seus próprios filhos, o que só fazia Sara mais infeliz.

Um dia, enquanto Abraão refletia sobre como ele e sua esposa tinham tido sorte, pois tinham muitas posses, ele ouviu uma voz. Como em um sonho, a voz disse: "Abraão, eu sou o Senhor, seu Deus. Você deve deixar seu povo, a casa de seu pai e ir para Canaã".

Abraão era um homem bom e sabia que deveria obedecer às ordens de Deus.

Então, no dia seguinte, Abraão e Sara viajaram para o sul. O sobrinho de Abraão, Ló, e sua família, foram com eles.

Quando eles chegaram a Canaã, Deus disse: "Abraão, por sua fé te recompensarei com um filho. Olhe a sua volta; esta é a terra que eu vou dar aos seus descendentes", Deus disse a Abraão.

Para mostrar o quão grato ele era, Abraão e sua família viajaram por diferentes regiões de Canaã, construindo altares para adorar a Deus em cada lugar que eles visitaram.

Abraão no Egito

Gênesis 12:16 Por causa dela o rei tratou bem a Abraão e deu-lhe ovelhas e cabritos, bois, jumentos, escravos e camelos.

Depois de algum tempo que Abraão e sua família estavam em Canaã, houve uma fome terrível, que os forçou a ir para o sul, no Egito, para encontrar comida.

Quando estavam prestes a atravessar a fronteira para o Egito, Abraão disse: "Você é muito bonita, Sara. Se os egípcios souberem que você é minha esposa, eles me matarão porque terão inveja de mim. Você deve fingir ser minha irmã; assim eles vão me tratar bem".

Quando o rei do Egito ouviu falar quão bonita era a "irmã" de Abraão, ele a levou para morar em seu palácio. Assim como havia previsto, Abraão foi bem tratado pelo rei e recebeu muitos presentes.

Mas Deus estava zangado com o rei por tirar Sara de Abraão e enviou doenças terríveis para puni-lo e a todos que moravam em seu palácio.

Quando o rei do Egito descobriu que Sara era casada com Abraão, ele não conseguia entender por que Abraão não lhe contara a verdade e ficou furioso pelo castigo que recebera de Deus. Junto com todos os seus pertences, o rei mandou que Abraão e Sara saíssem do palácio e deixassem o Egito.

A Escolha de Ló

Gênesis 13:8 Então Abraão disse a Ló: "Somos parentes e seus pastores e os meus não devem brigar. Vamos nos separar".

Depois de deixar o Egito, Abraão e sua família viajaram de volta para a parte sul de Canaã, estabelecendo-se no lugar onde Abraão havia construído um altar para adorar a Deus.

Tanto Abraão quanto seu sobrinho Ló eram homens muito ricos, e cada um possuía muitas ovelhas, cabras e bois. Mas isso significava que os dois precisavam de muita terra para criar os animais. Logo, os pastores de Abraão e os de Ló começaram a discutir sobre o melhor lugar onde manter os animais. A cada dia, a discussões ficavam cada vez mais sérias, com os punhos levantados e pedras sendo atiradas uns nos outros.

Abraão ficou triste ao ver os pastores, que já tinham sido amigos, gritando e ameaçando uns aos outros sobre o melhor pasto, quando na verdade havia terra abundante.

"Por que não nos instalamos em lugares diferentes?", sugeriu Abraão ao sobrinho. "Então nossos animais podem se espalhar e pastar onde quiserem".

Homem bondoso e generoso, Abraão disse a Ló que ele poderia escolher onde gostaria de morar.

Ló viajou com sua família, os pastores, ovelhas, cabras e bois para o vale do Jordão, enquanto Abraão ficou em Canaã.

Hagar e Ismael

Gênesis 16:11 O Anjo do Senhor disse-lhe: "Você terá um filho e ele deve se chamar Ismael".

Apesar de ter quase oitenta anos de idade, nunca houve um dia em que a esposa de Abraão, Sara, não desejasse ter um filho. Lembrou-se da promessa que Deus fizera a Abraão, e com o passar dos anos, Sara ficava cada vez mais perturbada.

Um dia, Sara olhou para sua bela escrava egípcia, Hagar, e pensou que talvez ela pudesse dar um filho a Abraão.

A princípio, Abraão não gostou da ideia, mas Sara insistiu. "Mas Hagar é minha serva", respondeu Sara. "Ela é jovem e bonita e pode nos dar a criança que nós tanto desejamos".

E assim, dentro de pouco tempo, Hagar engravidou. O plano de Sara funcionou e ela ficou satisfeita.

Mas logo depois, Sara passou a ter ciúmes de Hagar. Ela a tratou tão mal que Hagar fugiu para o deserto. Enquanto o sol ardia em sua pele e ela estava sedenta, Hagar caiu de joelhos na areia. Quando olhou para o céu, ela viu um Anjo do Senhor.

"Eu sei que é difícil, mas você deve voltar para sua ama", disse o anjo. "Logo você dará à luz um filho, que será chamado Ismael".

Obedecendo ao anjo, Hagar voltou para Abraão e Sara, e deu à luz um menino, assim como o anjo lhe havia dito.

Abraão olhou o bebê com carinho enquanto o segurava em seus braços. Ele não entendeu que aquela não era a criança que Deus havia prometido a ele e a Sara.

Sodoma e Gomorra

Gênesis 19:15 Ao amanhecer, os anjos insistiam com Ló, dizendo: "Rápido! Leve sua esposa e suas duas filhas daqui, para que vocês não percam a vida quando a cidade for destruída".

Depois de deixar Canaã, o sobrinho de Abraão, Ló, estabeleceu-se com sua esposa e filhas perto das cidades de Sodoma e Gomorra.

Mas com o passar dos anos, as pessoas que moravam nessas cidades começaram a ignorar os ensinamentos de Deus e viviam em pecado.

Irritado com a maneira como seu povo lhe deu as costas, Deus decidiu destruir Sodoma e todas as outras cidades ao seu redor. Somente Ló e sua família, que levavam uma vida honesta e serviam fielmente ao Senhor, seriam salvos.

Deus enviou dois anjos a Sodoma para advertir Ló sobre o terrível desastre que estava prestes a acontecer.

Os dois anjos pegaram Ló, sua esposa e suas duas filhas pelas mãos e as puxaram para fora de casa, dizendo: "Vocês devem sair daqui agora e ir para as montanhas, onde estarão seguros. Não olhem para trás. O Senhor ouviu coisas terríveis sobre o povo de Sodoma e vai destruir a cidade e seu povo!".

Mas, durante a fuga da cidade, a esposa de Ló não resistiu e olhou para trás uma última vez – e ela virou uma estátua de sal.

O Nascimento de Isaque

Gênesis 21:8 O menino cresceu e, no dia em que foi desmamado, Abraão deu uma grande festa.

Quando tinha noventa e nove anos, Deus visitou Abraão e disse a ele que sua esposa, Sara, logo lhe daria um filho. Abraão ficou muito surpreso ao ouvir isso e se perguntou se seria possível um homem de cem anos ainda ter um filho!

"Sara pode dar à luz uma criança mesmo com noventa anos de idade?", perguntou Abraão a Deus. "Por que não deixar Ismael, meu filho com Hagar, ser meu herdeiro?"

"Não, sua esposa Sara lhe dará um filho e você o chamará Isaque", disse o Senhor, que tinha outros planos para Ismael.

Quando Sara soube que ela teria um filho com Abraão, ficou chocada e achou muito difícil que engravidaria com a idade tão avançada. Mas o Senhor cumpriu sua promessa e exatamente nove meses mais tarde, quando Abraão tinha cem anos, Sara deu à luz um filho. Abraão chamou o menino de Isaque, como Deus lhe disse para fazer.

"Depois de tantos anos desejando um filho meu, Deus me deu motivo para rir", disse Sara. "Todos que souberem do nascimento de Isaque também se alegrarão comigo".

A Prova de Abraão

> Gênesis 22:15 "Eu prometo que farei com que seus descendentes sejam tão numerosos como as estrelas do céu ou os grãos de areia da praia do mar; e eles vencerão os inimigos".

Isaque cresceu e se tornou um filho maravilhoso para Abraão e Sara. Deus viu que eles estavam muito felizes e decidiu testar a fé de Abraão.

Um dia, Deus disse a Abraão: "Leve seu filho Isaque à terra de Moriá. Quando chegar lá, você deve oferecê-lo a mim em forma de holocausto".

Tristeza e raiva tomaram conta do coração de Abraão. Como o Senhor poderia pedir que sacrificasse o filho que ele tanto amava? Mas Abraão sabia que tinha que fazer o que Deus ordenara. Abraão partiu na manhã seguinte com Isaque e mais dois servos.

Depois de viajar por três dias, Abraão avistou a terra de Moriá. "Fiquem aqui", ele ordenou aos servos, "enquanto Isaque e eu vamos orar".

Abraão fez um altar, amarrou Isaque e o colocou sobre ele. Com lágrimas nos olhos, ergueu a faca para sacrificar o filho que amava.

De repente, o Anjo do Senhor lhe chamou: "Não machuque o menino e não lhe faça nenhum mal! O Senhor sabe que você teme a Deus e o honra, pois não negou seu filho, seu único filho, apesar da sua tristeza".

Por sua obediência, Deus derramou bênçãos sobre Abraão e disse-lhe que ele teria tantos descendentes quanto estrelas no céu.

Isaque e Rebeca

Gênesis 24:3 "Eu quero que você jure pelo Senhor, o Deus do céu e da terra, que não escolherá uma esposa para meu filho do povo de Canaã", disse Abraão.

Com o passar dos anos, Isaque se tornou um homem forte e gentil, e Abraão estava muito orgulhoso dele. Quando Sara morreu, Abraão sabia que logo chegaria sua hora também.

"É importante que meu filho, Isaque, se case e tenha sua própria família", disse ele a seu servo mais velho. "Quando eu não estiver mais aqui, encontre uma esposa para Isaque – não daqui de Canaã, mas de Harã, a terra onde nasci. Deus prometeu que ele daria esta terra aos meus descendentes, então ele enviará um anjo para ir com você".

O servo pegou dez dos camelos de seu mestre e viajou para a antiga casa de Abraão, junto com outros servos. Em Harã, enquanto seus camelos descansavam perto de um poço, o servo orou a Deus.

"Aqui estou no poço aonde as mulheres da cidade virão em breve para buscar água. Quando eu disser a uma jovem: 'Por favor, abaixe seu pote para que eu beba um pouco de água', e ela responder: 'Beba e também vou buscar água para os seus camelos', seja ela a escolhida para Isaque".

Antes mesmo que ele terminasse de orar, uma jovem chamada Rebeca chegou ao poço, carregando um pote de água em seu ombro.

"Beba, senhor", disse Rebeca, quando o empregado pediu um pouco de água. "Eu vou buscar mais água para seus camelos".

Depois de observar Rebeca por um tempo, o servo pegou um anel e duas pulseiras de ouro da bolsa e colocou-as na jovem. "De quem você é filha? Diga-me se há espaço suficiente para ficarmos na casa de seu pai esta noite", perguntou ele.

"Meu pai é Betuel, filho de Naor e Milca", respondeu a moça, "e sim, temos lugar para vocês passarem a noite".

O servo caiu de joelhos e disse: "Louvado seja Deus, que cumpriu a promessa que fez ao meu senhor Abraão. Obrigado por me guiar até os parentes do meu senhor".

Rebeca sorriu com carinho, pois ouvira histórias maravilhosas sobre o tio de seu pai, Abraão, que deixara sua casa para seguir as ordens de Deus.

Mais tarde, quando o servo participava de uma refeição com a família de Rebeca, ele contou sobre o filho de Abraão, Isaque, e que ele havia sido enviado para encontrar uma esposa para o rapaz.

Betuel e Labão, irmão de Rebeca, entenderam que o Senhor escolhera Rebeca para ser a esposa de Isaque.

"Você deve levar minha filha, porque o Senhor ordenou", disse Betuel. Com isso, Rebeca seguiu com os servos para se tornar a esposa de Isaque.

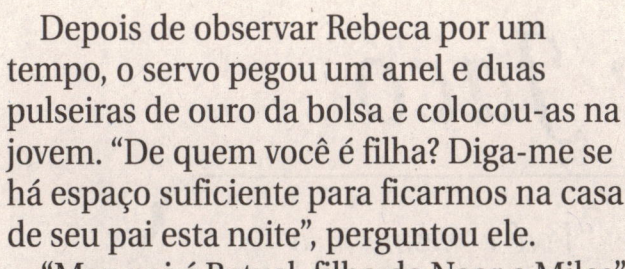

Você sabia?

Depois que Sara morreu, Abraão casou-se com Quetura, que lhe deu mais seis filhos.

Esaú e Jacó

Gênesis 27:24 E ele disse: "Você é mesmo meu filho Esaú?", e ele disse: "Eu sou".

Depois de muitos anos, Rebeca deu à luz gêmeos chamados Esaú e Jacó. Deus disse que um dia Jacó seria o chefe da família, embora Esaú fosse o mais velho.

Isaque preferia seu filho mais velho, Esaú, que era um caçador habilidoso, mas Rebeca preferia Jacó, que era calmo e cuidadoso.

Quando Isaque estava muito velho e ficando cego, ele pediu a Esaú que fosse caçar. "Quando voltar, prepare para mim um guisado saboroso com a carne, e eu lhe darei minha bênção antes de morrer", disse ele já bastante debilitado.

Rebeca queria que Jacó recebesse a bênção para governar a família em vez de Esaú. Então, quando Esaú saiu para caçar, ela disse a Jacó que trouxesse duas cabras do campo, que ela usou para fazer um ensopado. Rebeca então disse a Jacó para vestir algumas roupas de Esaú, a fim de que Isaque não o reconhecesse e colocasse as peles de cabra em seus braços para torná-los peludos como os braços de Esaú.

"Qual filho você é?", perguntou Isaque, quando Jacó trouxe o ensopado.

"Eu sou Esaú", disse Jacó, inclinando-se para beijar seu pai.

Isaque podia sentir o cheiro das roupas de Esaú em Jacó e tocar seus braços peludos, então ele deu a benção ao filho mais novo. Jacó então se tornaria o chefe da família após a morte de Isaque.

O Sonho de Jacó

Gênesis 28:20-21 Então Jacó fez uma promessa ao Senhor. "Se o Senhor está comigo e me proteger nesta jornada e me prover de comida e roupas, e se eu voltar em segurança para a casa do meu pai, então o Senhor será o meu Deus".

Quando Esaú soube que Jacó havia enganado seu pai, ficou muito zangado. Rebeca então mandou Jacó ir morar com irmão dela, Labão, em Harã.

A caminho de Harã, Jacó parou para descansar. Ele adormeceu e sonhou com uma escada que ia da terra ao céu, na qual os anjos subiam e desciam. No topo da escada havia uma luz brilhante e uma voz disse: "Eu sou o Senhor, o Deus de Abraão e Isaque. Eu darei a você e a todos os seus descendentes toda esta terra em que você está descansando e a terra ao redor dela. Através de você e seus muitos descendentes abençoarei todas as nações. Onde quer que você vá, eu o protegerei e o trarei de volta a esta terra. Eu nunca abandonarei você até que eu tenha feito tudo o que eu prometi".

"O Senhor está aqui e ele está comigo!", pensou Jacó, quando acordou na manhã seguinte. Pegando a pedra que ele usou para descansar a cabeça, Jacó a ungiu como um memorial a Deus. Embora ele sentisse um pouco de medo, Jacó também estava feliz. "Eu encontrei a casa de Deus!", ele disse. "Esta deve ser a porta dos céus".

Jacó é Enganado

Gênesis 29:25 Ele foi até Labão e disse: "Por que você fez isso comigo? Eu trabalhei para me casar com Raquel. Por que você me enganou?"

Quando Jacó chegou a Harã, ele não sabia como encontrar seus parentes, então foi falar com alguns pastores que estavam sentados ao lado de um poço.

"Somos de Harã e conhecemos seu tio, Labão", disseram os pastores, quando então uma jovem veio ao poço com seu rebanho. Os pastores disseram a Jacó que o nome da moça era Raquel e que ela era uma das duas filhas de Labão.

Assim que a viu, Jacó se apaixonou por Raquel. "Seu pai é meu tio", Jacó disse a ela. "Por favor, diga a ele que o filho de Rebeca veio vê-lo".

Ao ouvir a notícia de sua chegada, Labão correu para se encontrar com Jacó e ouviu tudo o que ele contou, inclusive como Jacó enganara o próprio irmão. Pouco depois, Jacó começou a trabalhar para seu tio.

Um dia, Labão disse: "Não é certo que um sobrinho meu trabalhe sem receber nada em troca. Quanto deve ser o seu salário, Jacó?".

Tudo o que Jacó conseguia pensar era em Raquel. "Vou trabalhar para você por sete anos sem pagamento, se puder me casar com Raquel", ele disse.

Após sete anos de trabalho duro, chegou o dia do casamento. Depois da cerimônia, Jacó e sua esposa foram para casa. Mas quando sua noiva tirou o véu, Jacó percebeu que Labão o havia enganado. Jacó havia se casado com a irmã errada! Assim como Jacó fingiu ser seu irmão mais velho, Lia fingiu ser sua irmã mais nova.

Quando Jacó foi se queixar, Labão sugeriu que Jacó trabalhasse mais sete anos para ele e, depois disso, então Raquel poderia ser sua esposa também.

Jacó Luta com Deus

Gênesis 32:25 Quando o homem viu que não podia vencer, deu um golpe na junta da coxa de Jacó, e ela ficou fora do lugar.

Depois de finalmente se casar com a irmã de Lia, Raquel, Jacó decidiu voltar para Canaã com sua família. Jacó temia que Esaú matasse a todos, por isso enviou mensageiros para fazer as pazes com seu irmão. Mas os mensageiros voltaram com a notícia de que Esaú estava a caminho com quatrocentos homens!

Jacó orou a Deus e pediu ajuda. De repente, um homem apareceu no escuro e começou a lutar com Jacó. Eles lutaram a noite toda.

"Deixe-me ir agora", disse o homem, quando o dia amanheceu.

Mas Jacó não o soltou, mesmo quando o homem machucou sua coxa. "Não, a menos que você me abençoe!", ele disse, sabendo que aquele não era um homem comum.

"Como você se chama?", perguntou o homem.

"Jacó", respondeu ele.

"Não", disse o homem. "A partir de hoje, seu nome será Israel, porque você lutou com Deus e com os homens e venceu".

Então o homem abençoou Jacó e depois desapareceu.

Jacó estremeceu. "Eu vi Deus face a face e, no entanto, ainda estou vivo!", ele disse.

Por isso chamou aquele lugar onde lutou de "Peniel", que significa "a face de Deus" em hebraico.

Ao longe, Jacó viu Esaú se aproximar. Mas em vez de lutar, Esaú correu para Jacó e o abraçou.

A Túnica Colorida

Gênesis 37:3 Jacó já era velho quando José nasceu e por isso ele o amava mais do que a todos os seus irmãos.

Jacó teve doze filhos, incluindo os dois filhos de Raquel, José e Benjamim. Quando Raquel morreu, José se tornou seu filho favorito.

Jacó mimava José e deu a ele uma túnica colorida, que os irmãos de José achavam que deveria ter sido dada para o primogênito. Esse presente fez com que os outros irmãos ficassem com ciúmes de José.

Os irmãos odiaram José ainda mais quando ele contou sobre seus sonhos, nos quais ele tinha visto os irmãos e o pai se curvando diante dele. "Então você acha que vai ser um rei e nos dominar, não é?", eles zombaram. Até Jacó ficou com raiva quando ouviu sobre os sonhos.

Um dia, quando José saiu para cuidar dos rebanhos, seus irmãos o capturaram e o venderam como escravo a alguns mercadores que passavam por ali.

Depois de manchar a túnica de José com sangue de animal, os irmãos a levaram e mostraram a Jacó. "Alguns animais selvagens atacaram e devoraram José no campo", disseram eles.

O pobre Jacó estava inconsolável. "Agora eu chorarei até o dia em que eu morrer", disse em soluços.

José no Egito

Gênesis 39:6 Potifar entregou nas mãos de José tudo o que tinha e não se preocupava com nada, a não ser com a comida que comia.

José foi vendido como escravo a Potifar, oficial do rei do Egito. Com Deus cuidando dele, José trabalhou duro e era bem-sucedido em tudo, o que logo chamou a atenção do seu senhor.

Percebendo que seu novo escravo era diferente de todos os seus outros servos, Potifar colocou José no comando de sua casa e de todos os seus negócios.

Enquanto Potifar gastava seu tempo comendo, bebendo e se divertindo, José cuidava de tudo.

José era um homem bonito e a esposa de Potifar se apaixonou por ele. Mas José era leal a Potifar, que o tratava bem. Então, quando a esposa de seu senhor avançou em direção a ele, José a rejeitou.

Ser rejeitada por um servo era um grande insulto, então a esposa de Potifar mentiu e disse aos outros servos que José tentara atacá-la. "Olhem, ele fugiu, e deixou seu manto para trás!", ela gritou.

Até mesmo Potifar acreditou nas mentiras da esposa, e José foi lançado na prisão. Mas, mesmo tendo sido feito prisioneiro, Deus estava com José – e o ajudou todos os dias.

O Sonho do Rei

Gênesis 41:56 Quando a fome aumentou no país inteiro, José abriu todos os armazéns e começou a vender cereais aos egípcios.

José logo ficou conhecido dentro da prisão por poder explicar o que os sonhos das pessoas significavam.

Um dia, um prisioneiro que havia sido o chefe dos copeiros da corte do faraó contou a José sobre um sonho que ele vinha tendo constantemente.

Com a ajuda de Deus, José disse ao homem: "Seu sonho significa que, dentro de três dias, você retornará ao seu trabalho como copeiro". E foi o que aconteceu!

Dois anos depois, o rei do Egito teve um sonho estranho, e o copeiro lembrou-se de José.

O rei contou a José que, no sonho, ele estava em pé junto ao rio Nilo, quando sete vacas gordas saíram da água. Então, sete vacas magras surgiram e comeram todas as vacas gordas!

"Deus lhe mostrou o que ele vai fazer", disse José. "Serão sete anos de boas colheitas, seguidos de sete anos de fome. Se você agir sabiamente, poderá armazenar muita comida nos anos de fartura, para que seu povo não morra de fome durante os anos de seca".

O rei notou que José era muito sábio, então ele o fez governador do Egito. Nos sete anos seguintes, José, que recebeu muitas riquezas, viajou por todas as terras do reino, organizando os grãos para que ninguém morresse de fome durante aquele período.

A Grande Fome

Gênesis 42:21 "Sim, agora estamos sofrendo as consequências do que fizemos ao nosso irmão. Nós vimos a sua aflição quando pedia que tivéssemos pena dele, porém não nos importamos. Por isso, agora é a nossa vez de ficarmos aflitos".

Assim como José havia previsto, após os sete anos de abundância, veio o período de uma grande e devastadora fome.

Em Canaã, quando Jacó soube que havia trigo no Egito, ele disse aos seus filhos, exceto Benjamim, o mais novo, que fossem até lá e comprassem um pouco de grãos.

Quando os dez irmãos ficaram diante do governador do Egito, eles não tinham ideia de quem ele era. Mas José os reconheceu e quis ver se eles ainda eram tão cruéis quanto antes. "Vocês são espiões!", José disse.

"Não. Nós somos apenas uma família de irmãos", disseram. "Nós éramos doze, o irmão mais novo ficou com nosso pai e o outro irmão morreu muitos anos atrás".

José então exigiu que eles provassem que estavam dizendo a verdade. Mantendo Simeão como refém, ele disse aos outros para irem para casa e voltarem com Benjamim. Mas primeiro ele se certificou de que suas bagagens estavam cheias de grãos – e secretamente escondeu o dinheiro que pagaram pelo grão em seus sacos.

Quando os irmãos disseram ao pai que deviam voltar ao Egito com Benjamim, ele ficou muito triste. Mas Jacó sabia que ele não tinha escolha.

A Reunião de Família

Gênesis 45:28 "Meu filho José ainda está vivo!", disse ele. "Isso é tudo que eu poderia pedir! Preciso ir vê-lo antes que eu morra".

Quando José viu Benjamim, ele mal conseguia esconder sua felicidade. "Que o banquete seja servido!", disse ele.

Os irmãos de José não entendiam por que um homem tão importante daria um banquete para eles. Mas eles comeram mesmo assim.

Na manhã seguinte, quando as bagagens deles estavam cheias de grãos, José disse a seus servos que devolvessem o dinheiro dos irmãos e que escondessem sua taça de prata no saco de Benjamim.

Ainda sem saber que o governador do Egito era seu irmão, os homens partiram para Canaã.

Mas eles tinham percorrido um curto caminho, quando um dos servos de José os alcançou. "Por que você tratou meu senhor

assim?", ele perguntou. "Você pagou a gentileza dele roubando sua preciosa taça de prata!".

"Nós nunca faríamos uma coisa tão terrível!" disseram os irmãos.

Assim como José havia planejado, o servo logo encontrou a taça escondida na bagagem de Benjamim!

Voltando à cidade, os irmãos prostraram-se aos pés de José e imploraram seu perdão.

"Nós imploramos que tenha pena de nós!", disse Judá. "Para provar nossa inocência, nós nos oferecemos para sermos seus servos".

"Não", respondeu José. "Vocês todos estão livres, exceto aquele em cuja bagagem foi encontrada minha taça. Ele será meu escravo!".

Mas os irmãos não podiam suportar a ideia de voltar para casa e ter que dar a notícia ao pai de que outro filho havia sido tirado dele.

"Por favor, não nos tome Benjamim", disse Judá. "Nosso pai já perdeu um filho. Se não levarmos Benjamim conosco, meu pai morrerá de tanta dor. Deixe-me ser seu escravo no lugar dele".

Quando José ouviu isso, ele sabia que seus irmãos estavam realmente arrependidos dos erros do passado. Mandando os servos se retirarem, ele disse: "Vocês não me reconhecem? Eu sou José, seu irmão".

Os irmãos ficaram com medo, mas José lhes tranquilizou. "Deus me enviou ao Egito para salvar muitas vidas, inclusive a de vocês", disse ele. "Voltem para casa e tragam o resto da família para morar perto de mim".

Então Jacó, os irmãos de José e suas esposas, filhos e servos deixaram Canaã e foram para o Egito.

Jacó chorou de alegria ao ver que o filho que ele acreditava estar morto se tornara um grande homem, o governador de todo o Egito!

Você sabia?

Jacó fez com que José prometesse que, quando ele morresse, o enterraria em Canaã, lugar onde Deus havia prometido fazer dos descendentes de Jacó uma grande nação.

O Bebê Moisés

Êxodo 2:9 A princesa disse à mulher: "Tome este bebê e amamente-o para mim, e eu a pagarei".

Os descendentes de Jacó, os israelitas, tornaram-se uma nação poderosa – e os egípcios tinham medo deles. Quando um novo rei chegou ao trono, ele decidiu fazer algo em relação a essas pessoas, antes que fosse tarde demais.

O cruel rei fez dos israelitas seus escravos. Os chefes os obrigavam a fazer pesados tijolos de barro e a arrastar pedras enormes, para construir novas cidades.

Os israelitas trabalhavam pesado desde o amanhecer até o anoitecer. Se eles se atrevessem a diminuir o ritmo, eram castigados com o chicote!

Mas não importava o quão duro eles trabalhassem, ainda assim os israelitas continuavam a crescer em números. Então o rei ordenou a seus soldados que atirassem todos os bebês israelitas no rio Nilo. Foi nessa época que uma mulher israelita deu à luz um menino. Depois de três meses, ela sabia que não poderia esconder a criança por muito mais tempo sem que alguém ouvisse seu choro. Então, sem outra escolha, ela pegou um cesto de juncos e o cobriu com piche, para torná-lo impermeável. Então pôs o bebê no cesto e colocou-o entre os juncos à margem do rio Nilo.

Enquanto a irmã do bebê, Miriã, observava o cesto, a filha do rei entrou na água para se banhar. De repente, ela viu algo flutuando e disse às criadas para buscar o estranho objeto.

Quando a princesa abriu o cesto e viu uma criança chorando, seu coração se

Você sabia?

A princípio, o rei do Egito pediu às parteiras israelitas que matassem todos os bebês ao nascer, mas elas se recusaram a fazer isso.

derreteu pela criança. Ela nunca tinha visto um bebê tão lindo!

"Ele deve ser um dos bebês israelitas", disse ela, segurando a criança nos braços. "Eu criarei este bebê como meu filho e o chamarei de Moisés".

Quando Miriã, que estava se escondendo, ouviu o que a princesa havia dito, ela caminhou na direção dela e com uma voz tímida disse: "Princesa, gostaria que eu buscasse uma mulher israelita para amamentar o bebê?".

"Sim, sim, é uma ideia maravilhosa", disse a princesa. Então a mãe do bebê cuidou dele em sua própria casa até que ele tivesse idade suficiente para ir ao palácio e viver como filho da princesa.

Príncipe do Egito

Êxodo 2:15-16 Quando o rei soube o que havia acontecido, ele tentou matar Moisés, mas Moisés fugiu e foi morar na terra de Midiã.

Moisés foi criado como um príncipe no Egito e recebeu tudo o que poderia desejar. Mas apesar de sua vida rica e privilegiada, ele nunca esqueceu sua origem – ele era um israelita. E ficava entristecido ao ver a crueldade com a qual seu povo era tratado.

Um dia, enquanto caminhava, Moisés viu um egípcio bater impiedosamente em um escravo israelita.

"Pare! Pare!", pediu Moisés, mas o feitor ignorou seus gritos e continuou a açoitar o pobre escravo.

Moisés ficou enfurecido e, sem pensar, derrubou o egípcio e o matou! Sentindo-se culpado, Moisés tentou esconder o corpo, mas logo a notícia do que ele havia feito se espalhou.

Quando o rei ouviu que Moisés havia tomado partido de um israelita contra um egípcio, ele ordenou sua prisão. Mas Moisés fugiu, deixando a sua vida como príncipe egípcio para trás.

Enquanto vagava pelo deserto, Moisés tinha certeza de que nunca mais veria sua família ou o povo israelita.

Moisés e a Sarça Ardente

Êxodo 3:2 Ali o Anjo do Senhor apareceu a ele como uma chama do meio de uma sarça. Moisés olhou e, embora a sarça estivesse em chamas, não estava sendo consumida pelo fogo.

Moisés fugiu para Midiã e lá casou-se com Zípora, filha de Jetro, o sacerdote de Midiã. Um dia, quando Moisés conduzia os rebanhos de Jetro pelo deserto, ele chegou ao Sinai, o monte sagrado – e a voz do Senhor veio até ele por meio de uma sarça ardente. Apesar de a sarça estar em chamas, ela não era consumida pelo fogo.

"Moisés!", disse Deus. "Eu sou o Deus de seus antepassados. Eu tenho visto quão cruelmente meu povo está sendo tratado no Egito, e estou lhe enviando para resgatá-los. Eu escolhi você para levá-los à terra que prometi ao meu povo".

"Mas o que eu digo se os israelitas perguntarem quem me enviou?", perguntou Moisés.

Deus disse: "Eu Sou o que Sou. É isto que você deve dizer: EU SOU me enviou para vocês".

"Mas e se eles não acreditarem em mim?", disse Moisés.

Deus disse a Moisés que jogasse sua vara no chão – e ele se transformou em serpente. Então, Moisés a pegou pela cauda, e esta se transformou em uma vara novamente.

Deus deu a Moisés outras maravilhas para realizar e disse: "Estou enviando o seu irmão, Arão, para ajudar você. Ele é um bom orador, e você pode passar minha mensagem através dele para todas as pessoas".

As Terríveis Pragas

Êxodo 8:5 Disse o Senhor a Moisés: Diga a Arão que estenda a mão com a vara sobre os rios, os canais e os lagos, e faça subir deles as rãs e cubram a terra do Egito.

Moisés disse ao faraó que, a menos que permitisse que os israelitas fossem libertados, Deus não o puniria. Para mostrar os poderes que Deus havia dado a ele, Moisés disse a Arão para jogar a sua vara no chão, que se transformou em serpente.

O faraó ordenou que seus magos executassem um truque similar com suas varas, e eles as transformaram em serpentes, mas a vara de Arão engoliu todas as outras.

Deus estava muito zangado porque o faraó não libertava os israelitas e disse a Moisés que ele enviaria terríveis pragas sobre o Egito.

Primeiro, a água no rio Nilo ficou vermelha e todos os peixes morreram. Então, em seguida, havia rãs por toda a terra do Egito. Mas ainda assim o faraó não mudou de ideia.

Então vieram os piolhos, seguidos pela praga das moscas.

Tal como aconteceu com as outras pragas, apenas os israelitas foram deixados em paz.

Mais pragas se seguiram: os rebanhos de gado e ovelhas morreram; todo egípcio teve seu corpo coberto por feridas dolorosas; e grandes pedras de granizo caíram do céu. Mas o faraó não atendeu às exigências de Deus.

Então Deus enviou um enxame de gafanhotos, que devastou todas as plantações da terra, seguido pelas trevas, que duraram três dias.

Por fim, Deus disse a Moisés que se preparasse para a pior praga de todas. O primogênito de todas as famílias egípcias morreria!

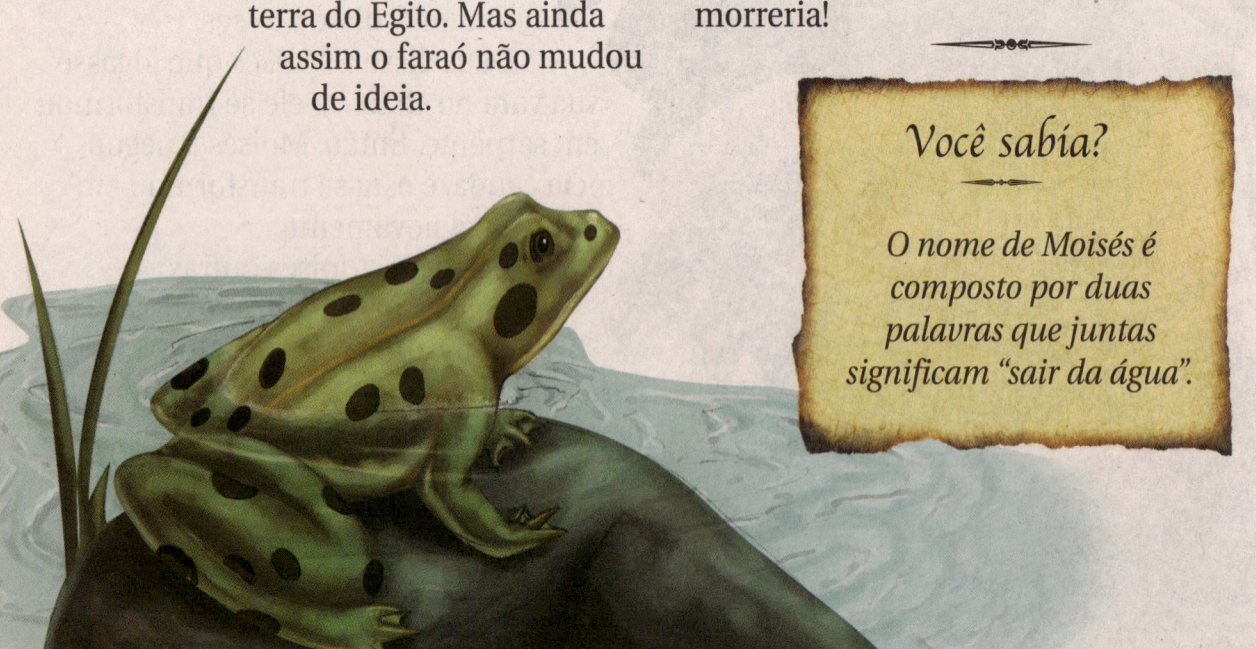

Você sabia?

O nome de Moisés é composto por duas palavras que juntas significam "sair da água".

43

A Páscoa

Êxodo 12:30 Naquela noite, o faraó, seus oficiais e todos os egípcios foram despertados. E houve pranto no Egito, porque não havia um lar em que não tivesse um filho morto.

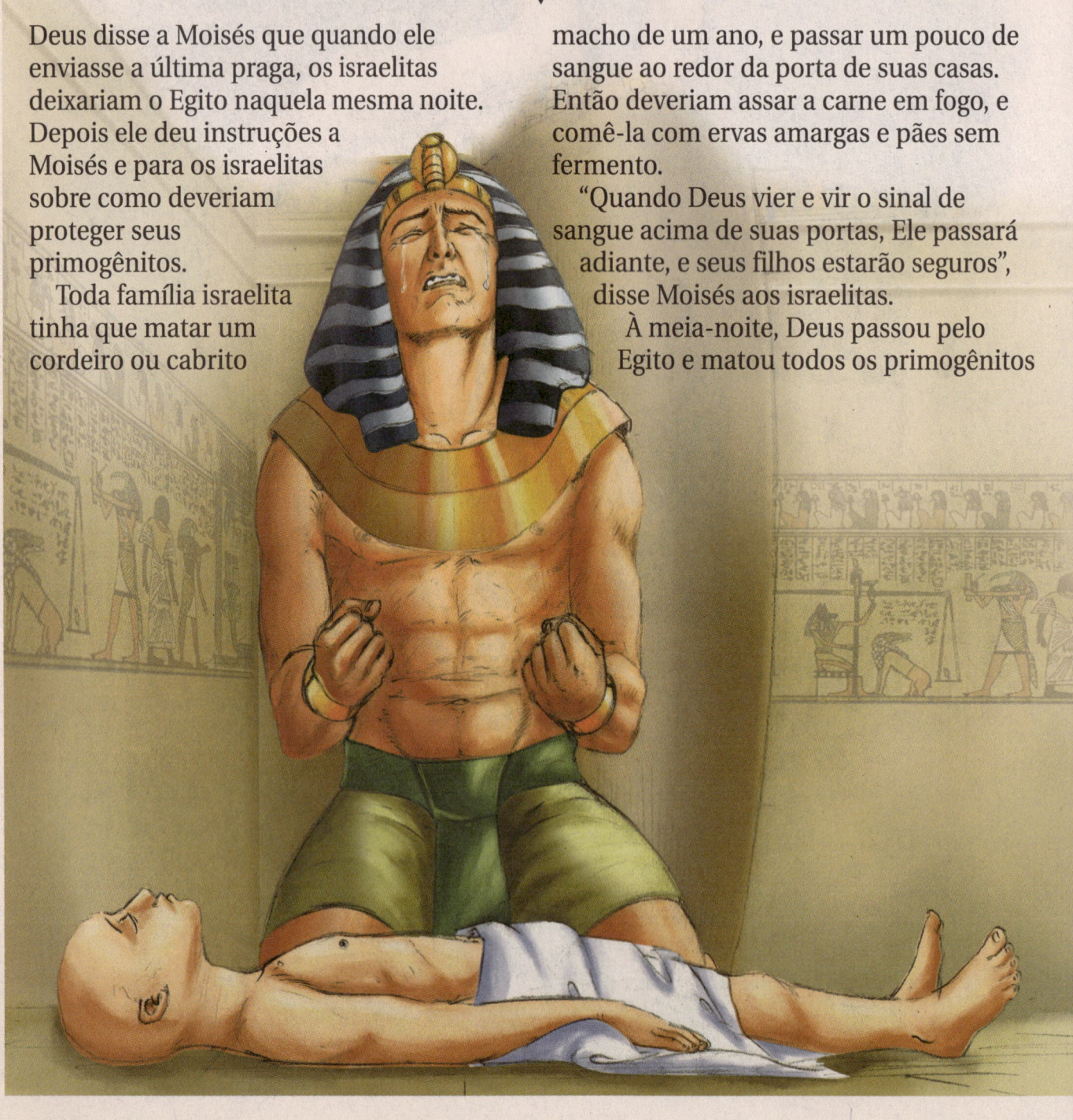

Deus disse a Moisés que quando ele enviasse a última praga, os israelitas deixariam o Egito naquela mesma noite. Depois ele deu instruções a Moisés e para os israelitas sobre como deveriam proteger seus primogênitos.

Toda família israelita tinha que matar um cordeiro ou cabrito macho de um ano, e passar um pouco de sangue ao redor da porta de suas casas. Então deveriam assar a carne em fogo, e comê-la com ervas amargas e pães sem fermento.

"Quando Deus vier e vir o sinal de sangue acima de suas portas, Ele passará adiante, e seus filhos estarão seguros", disse Moisés aos israelitas.

À meia-noite, Deus passou pelo Egito e matou todos os primogênitos egípcios, desde o filho do faraó e herdeiro do trono, até os filhos dos prisioneiros que estavam nos calabouços.

Quando Faraó, o rei do Egito, descobriu que seu primogênito havia morrido, ele soube que havia trazido destruição para sua terra por causa de sua crueldade.

Fuga do Egito

Êxodo 12:33 Os egípcios insistiram com os israelitas para que saíssem do país o mais depressa possível. E diziam: "Se vocês não saírem, todos nós morreremos!".

Agora que os egípcios tinham perdido seus primogênitos, eles não queriam esperar mais para que os israelitas saíssem do Egito. Até mesmo o faraó pediu a Moisés e Arão que levassem seu povo para longe de sua terra.

Muitos dos egípcios respeitavam Moisés e entendiam por que Deus os havia atingido com as mais terríveis pragas. O faraó tratou mal os israelitas, forçando-os à escravidão e dando muito pouco em troca.

Como muitos milhares de israelitas saíram do Egito para nunca mais voltar, alguns dos egípcios deram ouro e prata, gado e ovelhas e outros presentes preciosos a eles.

Depois de viver no Egito por quatrocentos e trinta anos, os israelitas estavam livres! Nunca mais seriam tratados como escravos. Nunca mais teriam que suportar a indignidade de chicotadas e espancamentos.

As famílias choraram lágrimas de felicidade enquanto se ajudavam pelas estradas empoeiradas, aproximando-se cada vez mais de seu novo e amado lar a cada passo que davam.

Andando à frente, Moisés sabia que levaria seu povo para a terra prometida em segurança. Quando ele olhou para o céu naquela noite, Moisés agradeceu a Deus por tudo o que Ele havia feito, e por manter a promessa que havia feito na sarça ardente, no Monte Sinai: "Eu Sou o que Sou".

Você sabia?

Cerca de 600 mil homens, sem contar mulheres e crianças, deixaram o Egito depois que Deus enviou as pragas.

A Travessia do Mar Vermelho

Êxodo 14:13 Moisés respondeu: "Não tenham medo! Fiquem firmes e vocês verão que o Senhor vai salvá-los hoje. Nunca mais vocês vão ver esses egípcios".

Pouco tempo depois de o faraó ter concordado em deixar os israelitas saírem do Egito, ele mudou de ideia. Ele queria que seus escravos fossem trazidos de volta, para que eles pudessem continuar construindo suas cidades.

Então, liderados pelo próprio faraó, os soldados mais corajosos e todos os seus carros de guerra partiram para recapturar os israelitas.

Moisés e seu povo estavam acampados perto do mar Vermelho. Quando viram o exército do faraó indo na direção deles, os israelitas ficaram aterrorizados. Com os egípcios de um lado e a água do outro, eles estavam encurralados!

"Deus nos salvará dos egípcios", disse Moisés.

Então Deus falou com Moisés, dizendo-lhe para estender a mão sobre as águas.

"Os israelitas andarão em terra seca, mas os egípcios os seguirão para a morte",

Deus disse.

Moisés fez como Deus mandou e estendeu a mão sobre as águas. Um vento forte soprou e o mar Vermelho se separou e formou duas enormes colunas.

Os israelitas caminharam com segurança entre as duas paredes de água, erguidas pelo vento furioso. Quando os egípcios viram aquilo, tentaram segui-los, mas Moisés estendeu sua mão novamente – e desta vez as paredes de água desabaram! Todos os egípcios desapareceram entre as águas, e os israelitas agradeceram a Deus por salvá-los.

Maná do Céu

Êxodo 16: 9 Moisés disse a Arão: "Diga a todo o seu povo que venha e fique diante de Deus, o Senhor, porque ele ouviu as reclamações deles".

A princípio, ao atravessarem o deserto, os israelitas cantavam, dançavam e batiam palmas.

"Somos livres!", eles riam, ajoelhando-se para agradecer ao Senhor.

Mas quando o sol bateu e a areia do deserto encheu suas bocas e narinas, as pessoas rapidamente esqueceram tudo o que tinham sofrido nas mãos do faraó, como seus escravos. Eles se queixaram a Moisés de que a água no riacho era amarga e que eles queriam comida como tinham no Egito.

"Meu povo parece ter esquecido todas as coisas ruins que aconteceram com eles no Egito", disse Moisés a Deus. "Ao contrário, todos eles só se lembram da comida que comeram! O que eu posso fazer para por fim às suas queixas constantes, amado Senhor?".

Deus deu a Moisés uma mensagem para transmitir a seu povo: "Esta noite vocês vão comer carne e amanhã vai chover pão do céu".

Mais tarde, naquele dia, Deus mandou ao acampamento um bando de codornas. No dia seguinte, choveu maná do céu, um pão especial, que tinha um sabor delicioso, como biscoitos feitos com mel.

Moisés disse ao povo: "Deus ordenou que enchêssemos um jarro com maná e o guardássemos para sempre, como um lembrete de que ele sempre proverá, como fez hoje".

Assim o povo fez, então Deus enviou maná aos israelitas todos os dias durante os quarenta anos em que estiveram no deserto até alcançarem a terra de Canaã, onde se estabeleceram.

Os Dez Mandamentos

Êxodo 20:7 "Não use o meu nome sem o respeito que ele merece, pois eu sou o Senhor, o Deus de vocês, e castigo aqueles que desrespeitam o meu nome".

Os israelitas caminharam pelo deserto e alcançaram o Monte Sinai, o santo monte de Deus – onde ele havia aparecido a Moisés na sarça ardente. Deus desceu e houve uma luz ardente no topo da montanha. E uma nuvem cobriu a montanha por seis dias. Deixando seu povo para trás, Moisés caminhou até o topo da montanha.

Ele entrou na presença de Deus. Deus então falou a Moisés, dando a ele os dez mandamentos, ou leis, pelos quais Deus esperava que todas as pessoas vivessem se o amassem:

Eu sou o seu Deus, que te tirou do Egito. Não adore outros deuses além de mim, o Senhor, o seu Deus.

Não faça ídolos, estátuas ou pinturas para adorar.

Só use meu nome respeitosamente.

Guarde o sétimo dia de todas as semanas como dia sagrado de descanso.

Respeite seu pai e sua mãe.

Não mate.

Nunca seja infiel ao seu companheiro.

Não roube.

Não minta.

Não tenha inveja das coisas que os outros possuem.

Moisés ficou no monte por quarenta dias e quarenta noites, ouvindo as palavras de Deus. Então, levando consigo os Dez Mandamentos escritos em duas placas de pedra, ele desceu o monte.

Você sabia?

Os Dez Mandamentos são as leis que os judeus seguem. Muitos países baseiam suas leis nessas regras.

O Bezerro de Ouro

Êxodo 32:14 Então o Senhor se arrependeu do mal que ameaçara trazer sobre o seu povo.

Os israelitas ficaram com medo quando o chão tremeu sob eles e o trovão rugiu sobre suas cabeças. Mas como o silêncio caiu e o sol brilhou, eles rapidamente esqueceram seus medos. "Moisés está falando com Deus no Monte Sinai há muito tempo!", eles disseram.

Vendo a impaciência do povo, Arão tentou acalmá-los.

"Você é irmão de Moisés. Você pode nos guiar e nos mostrar um bom deus para seguirmos", disseram.

Depois de pensar um pouco, Arão concordou em fazer um novo ídolo para eles adorarem.

Ele disse aos homens para levarem os brincos das esposas até ele, para que pudesse forjar uma estátua de ouro no fogo. Quando juntou ouro suficiente, Arão fez a estátua na forma de um bezerro. Ele então construiu um altar, para que o povo pudesse adorar seu novo deus.

A multidão dançou em torno da imagem, cantando: "Este é o nosso deus que nos tirou do Egito!".

Quando Moisés desceu do monte, ele ouviu um grande barulho. No começo, pensou que as pessoas estavam em guerra, mas então ele percebeu que estavam cantando e dançando. Quando Deus ouviu o barulho, disse a Moisés que iria destruir os israelitas por adorarem o bezerro de ouro. Mas Moisés suplicou ao Senhor que perdoasse o seu povo, e Deus os poupou.

Ao se virarem para ver Moisés carregando as placas de pedra sobre as quais Deus havia escrito os Dez Mandamentos, o povo percebeu que ele estava muito zangado. Levantando as tábuas de pedra, Moisés as jogou no chão e elas se despedaçaram. As pessoas sabiam que haviam desobedecido a Deus e ficaram envergonhadas.

Você sabia?

Moisés ficou no Monte Sinai por quarenta dias e quarenta noites.

O Retorno de Moisés

Êxodo 34:1 Disse o Senhor a Moisés: "Talhe duas tábuas de pedra como as primeiras, e eu escreverei nelas as palavras que estavam nas primeiras tábuas que você quebrou".

Com raiva, Moisés quebrou as tábuas de pedra que traziam os Dez Mandamentos. E olhou com tristeza para Arão, que havia feito um bezerro de ouro para os israelitas adorarem.

Arão pediu desculpas pelo que ele tinha feito, mas Moisés não acreditou nele. Então Moisés usou uma grande pedra para moer o bezerro, e misturou o pó de ouro com água e fez as pessoas beberem!

Deus, que tinha visto tudo, estava disposto a dar aos israelitas mais uma chance de mostrar seu amor por ele. Ele disse a Moisés para subir o monte mais uma vez e trazer duas novas tábuas de pedra, sobre as quais Deus escreveria novamente seus mandamentos.

Quando Moisés alcançou o topo do Monte Sinai, Deus fez um acordo com ele. "Vou preparar o caminho para a terra que prometi a você", disse ele, "e vou ajudá-lo a derrotar todos os seus inimigos. Mas meu povo nunca deverá adorar falsos ídolos e deuses. Eu sou o único, o verdadeiro Deus, então é melhor obedecerem aos meus mandamentos".

Quando os israelitas viram Moisés segurando os Dez Mandamentos novamente, eles pareciam envergonhados, porque sabiam que estavam na presença de Deus.

A Jornada Começa

Êxodo 33:3 "Vocês irão para uma terra boa e rica. Porém eu não irei, pois vocês são um povo teimoso, e eu os poderia destruir no caminho".

Um dia, Deus deu uma ordem a Moisés. Ele disse que era hora de Moisés e das pessoas que ele havia trazido do Egito deixarem o Monte Sinai.

"Você deve ir à terra que prometi dar a Abraão, Isaque e Jacó e a todos os seus descendentes", disse o Senhor. "Eu enviarei um anjo para proteger vocês e expulsarei seus inimigos. Mas eu não irei com vocês, porque são um povo obstinado e eu poderia muito bem me zangar e destruí-los no caminho".

Moisés reuniu a multidão e repetiu a mensagem de Deus para eles, acrescentando que Deus queria que todos tirassem suas joias e enfeites até decidir o que fazer com elas.

Quando os israelitas ouviram isso, começaram a chorar. "Deus está desapontado conosco", disseram eles, tirando do corpo suas joias e enfeites.

E mesmo depois de terem saído do Monte Sinai, o povo de Israel não usou mais qualquer enfeite.

A Desobediência de Moisés

Números 20:4 "Por que você nos trouxe para este deserto? Só para que possamos morrer aqui com nossos rebanhos?"

Andando de um lugar para outro, os israelitas viveram no deserto por muitos anos. E as pessoas estavam sempre reclamando: nunca havia comida suficiente, ou nunca havia água suficiente – ou fazia calor demais!

Um dia, mais uma vez, os israelitas reclamavam pela falta de água.

"Pegue a vara que está na frente da Arca da Aliança, e depois reúna toda a comunidade", Deus disse a Moisés e Arão. "Então, na frente das pessoas, fale com aquela rocha – e ela verterá a água".

Mas em vez de fazer como Deus havia dito, Moisés perdeu a paciência com aquele povo ingrato, a quem Deus tanto havia dado. Pegando a vara, bateu com ela duas vezes contra a rocha. "Vejam", ele gritou. "Isso fará vocês pararem de reclamar?".

Assim como Deus havia dito, a água verteu da rocha, como havia feito uma vez antes.

Mas Deus ficou desapontado com Moisés, que não havia obedecido à sua ordem. "Você não demonstrou respeito pela minha palavra diante de todo o povo, não permitirei que você os conduza à Terra Prometida", disse ele a Moisés.

Deus e Balaão

Números 23:12 Balaão respondeu: "Eu só posso dizer o que o Senhor me diz para dizer".

Balaque, rei de Moabe, queria que um profeta chamado Balaão lançasse uma maldição sobre os israelitas, que estavam entrando nas terras de Balaque. Mas Deus disse a Balaão que não fizesse isso, pois os israelitas eram um povo abençoado.

"Se os homens de Balaque vierem pedir-lhe que vá com eles, prepare-se para partir", disse Deus a Balaão, "mas faça apenas o que eu lhe disser".

Balaão não esperou ouvir as ordens de Deus antes de partir com os líderes moabitas, o que fez com que Deus ficasse muito bravo – e como Balaão seguiu com sua jumenta, o Anjo do Senhor pôs-se em seu caminho para impedi-lo de prosseguir.

Quando a jumenta viu o anjo segurando uma espada, saiu do caminho e foi para o campo. E Balaão bateu nela.

Então a jumenta viu o anjo pela segunda vez – e se moveu contra um muro, apertando o pé de Balaão contra ele. Novamente Balaão bateu na jumenta.

Quando a jumenta viu o anjo pela terceira vez, ela se deitou. Então Balaão bateu nela com uma vara!

Então Deus permitiu que Balaão visse o anjo.

"Por que você bateu em sua jumenta três vezes?", perguntou o anjo. "Eu vim para impedi-lo de seguir adiante, porque o seu caminho me desagrada. A sua jumenta me viu e se virou três vezes. Se ela não tivesse feito isso, eu já o teria matado".

Balaão percebeu quão tolo ele tinha sido. Quando ele se encontrou com Balaque, fez como Deus disse e abençoou os israelitas em vez de amaldiçoá-los.

A Morte de Moisés

Deuteronômio 32:48 "Vá às montanhas de Abarim, na terra de Moabe, defronte da cidade de Jericó; suba o Monte Nebo e contemple Canaã, a terra que estou dando ao povo de Israel".

Quando Deus disse a Moisés que não permitiria que ele entrasse com os israelitas na Terra Prometida, Moisés aceitou o julgamento de Deus.

Com o passar do tempo, todos os que haviam deixado o Egito morreram, exceto Calebe, Josué e Moisés; além deles, apenas aqueles que nasceram no deserto sobreviveram.

Moisés disse ao novo líder dos israelitas, Josué, que o Senhor nunca o deixaria. Então abençoou todas as tribos de Israel – e caminhou até o topo da montanha mais alta, como Deus tinha ordenado.

"Esta é a terra que prometi a Abraão, a Isaque e a Jacó", disse Deus, enquanto Moisés olhava Canaã. "Você me desobedeceu quando estava nas águas de Meribá – e bateu na rocha com a vara. Por causa disso, deixarei que você veja tudo, mas não permitirei que você atravesse o Jordão".

Moisés tinha cento e vinte anos quando morreu no topo daquela montanha, mas ainda podia ver Canaã, pois nem os seus olhos e nem o seu vigor tinham se enfraquecido.

Você sabia?

O próprio Deus enterrou Moisés num vale em Moabe, mas ninguém sabe exatamente onde.

Raabe e os Espiões

Josué 2:1 Então Josué enviou dois espiões do acampamento em Acácia com ordens de explorar secretamente a terra de Canaã, especialmente a cidade de Jericó.

Antes de Josué levar seu povo a Canaã, a Terra Prometida, ele enviou dois dos seus homens mais confiáveis para o outro lado do rio Jordão, a fim de espiar Jericó, a maior cidade de Canaã.

Os espiões se esconderam na casa de uma mulher chamada Raabe, que morava em uma casa construída nas paredes da cidade. Mas o rei de Jericó logo soube que os israelitas estavam lá e enviou homens para capturá-los.

Rapidamente, Raabe escondeu os espiões no telhado de sua casa até que os soldados fossem embora. Então ela disse: "Eu sei que Deus deu esta terra aos israelitas. Nós ouvimos como o seu Deus ajudou vocês a atravessarem o mar Vermelho, então me prometam que minha família e eu estaremos seguros quando vocês conquistarem a cidade".

"Você salvou nossas vidas – e nós salvaremos a sua", responderam os homens de Josué. "Mas você não diga a ninguém que estivemos aqui".

Raabe ajudou os dois espiões a descerem a janela com uma corda, e eles correram pela noite. Mas antes de partirem, os homens disseram a Raabe para pendurar um cordão vermelho em sua janela, para que os israelitas soubessem qual era a casa dela quando invadissem a cidade.

Cruzando o Rio Jordão

Josué 3:10-11 "Assim saberão que o Deus vivo está no meio de vocês quando a Arca da Aliança do Senhor de toda a terra cruzar o Jordão à sua frente".

Para chegar a Canaã, os israelitas primeiro tiveram que atravessar o rio Jordão. Agora que Moisés estava morto, Josué era o líder do povo, e era seu trabalho guiar a todos com segurança.

Agora Canaã havia se tornado um lugar perigoso, então, antes de seu povo atravessar o rio, Josué havia enviado dois de seus homens mais corajosos à frente para espionar a terra. Josué queria saber tudo o que podia sobre Canaã, especialmente Jericó, que era a maior cidade.

Finalmente, chegou o dia em que o povo escolhido de Deus, os israelitas, deveria atravessar o rio Jordão.

Não havia ponte para cruzar o vasto rio, mas, seguindo as instruções de Deus, Josué disse aos sacerdotes o que fazer.

Carregando a Arca da Aliança, que continha as leis de Deus, os Dez Mandamentos, os sacerdotes caminharam até o rio e entraram na água.

Enquanto as pessoas observavam os sacerdotes, as águas baixaram. A correnteza parou e formou uma muralha e as águas escoaram. E assim os israelitas atravessaram o rio em frente de Jericó – e entraram na Terra Prometida.

As Muralhas de Jericó

Josué 6:21 Com suas espadas, eles mataram todos na cidade, homens e mulheres, jovens e velhos. Eles também mataram bois, ovelhas e jumentos.

As portas de Jericó, com suas enormes paredes de pedra, foram fechadas para não deixar os israelitas entrarem. Mas Deus disse a Josué que, durante seis dias, ele e seus soldados deveriam marchar uma vez por dia ao redor das muralhas da cidade. Sete sacerdotes, segurando a Arca da Aliança, deveriam andar na frente deles, tocando suas trombetas.

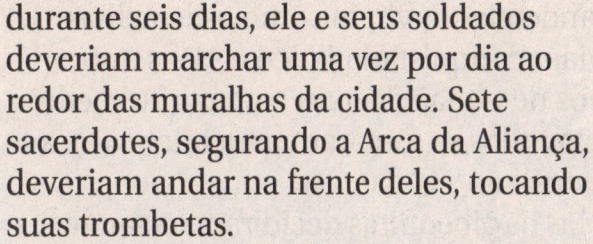

"No sétimo dia, marchem sete vezes ao redor da cidade", disse Deus. "Então, quando as trombetas soarem, diga a todos os israelitas que gritem bem alto".

O povo de Jericó assistiu, curioso, os israelitas marcharem em torno das muralhas da cidade, soprando suas trombetas. "O que essas pessoas estão fazendo?", eles se perguntavam.

No sétimo dia, Josué exclamou: "Hoje Jericó é sua!". E, quando a última trombeta soou, milhares e milhares de israelitas começaram a gritar cada vez mais alto.

O povo de Jericó parecia aterrorizado quando as muralhas começaram a rachar. Pedras desmoronaram, torres caíram – e as muralhas de Jericó desabaram!

"A cidade de Jericó é nossa!", aplaudiram os israelitas.

Gibeom Engana Josué

Josué 9:1 As vitórias de Israel tornaram-se conhecidas de todos os reis a oeste do Jordão – nas colinas, nas planícies e ao longo de todo o litoral do mar Mediterrâneo até o norte do Líbano.

Quando eles ouviram como os israelitas haviam conquistado Jericó e Ai, as outras tribos de Canaã ficaram com muito medo, então todos se juntaram para lutar contra os israelitas.

Mas os gibeonitas decidiram enganar Josué e mandaram um grupo de homens vestindo roupas e sandálias velhas e esfarrapadas para falar com ele.

"Nós ouvimos falar de suas grandes conquistas, e que seu Deus é poderoso, então nosso povo nos enviou para fazer um acordo de paz", disseram os gibeonitas. "Vejam, nós viemos de muito longe, tanto que nosso pão ficou seco e mofado, e nossas roupas estão agora esfarrapadas e gastas".

Quando ouviram isso, Josué e os líderes israelitas fizeram o tratado de paz com os homens e prometeram cumpri-lo.

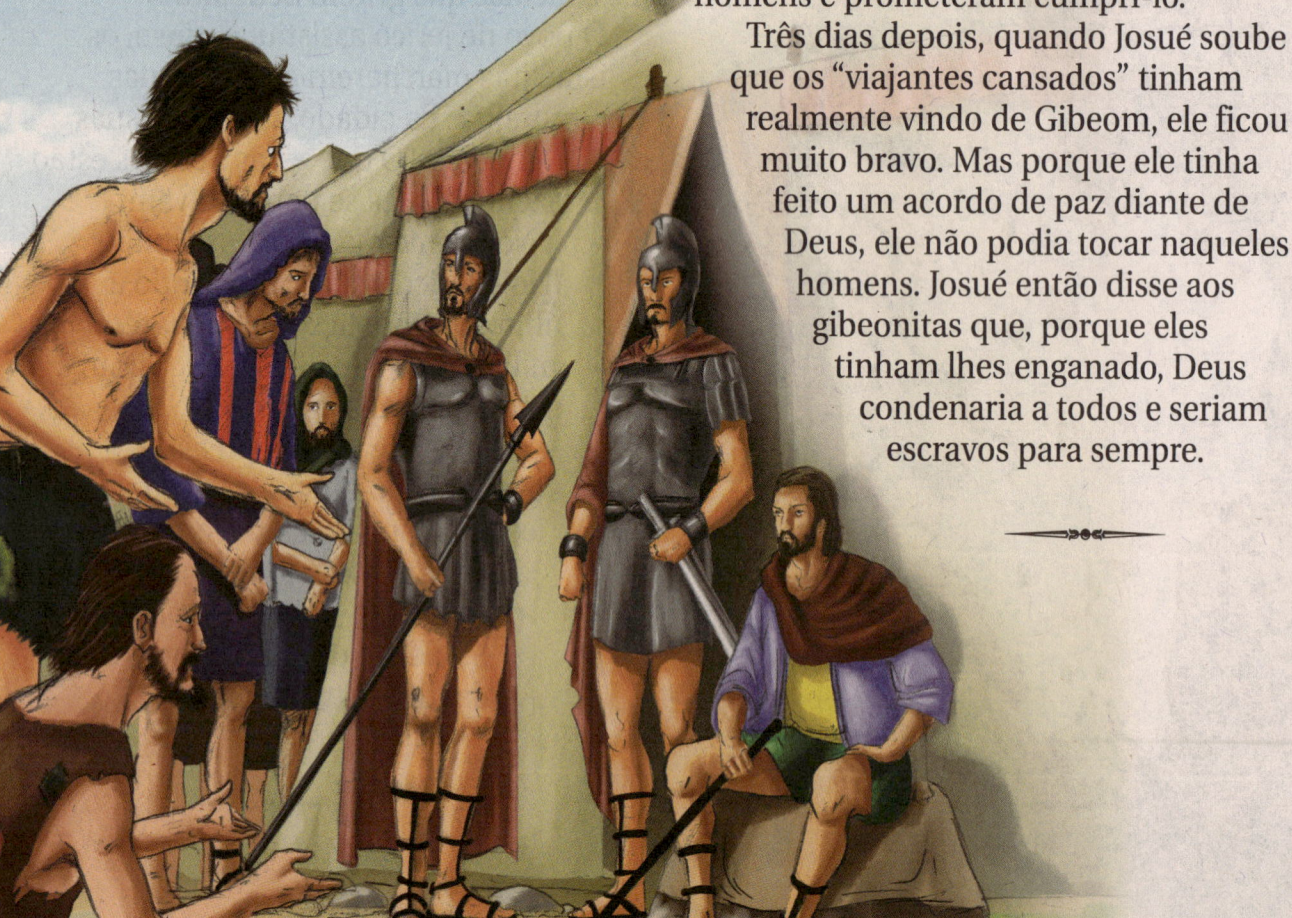

Três dias depois, quando Josué soube que os "viajantes cansados" tinham realmente vindo de Gibeom, ele ficou muito bravo. Mas porque ele tinha feito um acordo de paz diante de Deus, ele não podia tocar naqueles homens. Josué então disse aos gibeonitas que, porque eles tinham lhes enganado, Deus condenaria a todos e seriam escravos para sempre.

Josué Divide a Terra

Josué 23:10 "Um só de vocês pode fazer mil homens fugirem, porque o Senhor, o seu Deus, luta por vocês, exatamente como ele prometeu".

O tempo passou e os israelitas lutaram e venceram muitas batalhas. Com o passar dos anos, eles acumulavam mais e mais terras.

A essa altura, Josué já estava muito velho e sabia que morreria em breve.

Agora, havia doze tribos, todas descendentes dos filhos de Jacó, e Josué dividiu igualmente a terra entre eles.

Então Josué disse aos líderes que se eles obedecessem ao Senhor em todos os momentos, Ele lhes daria a vitória em todas as batalhas, e toda a terra seria deles. "Mas se vocês se afastarem de Deus, ou adorarem falsos deuses ou ídolos, Deus tomará tudo o que deu a vocês", disse Josué.

Os líderes responderam: "Sempre vamos adorar e servir ao único Deus verdadeiro!".

Então ele disse a todos os outros israelitas a mesma coisa: "Afastem-se dos ídolos feitos de madeira e pedra, e obedeçam sempre a Deus!".

"Nós assim o faremos!", gritou o povo. "Só há um Deus verdadeiro!".

Mas, por mais que ele amasse seu povo, Josué sabia que às vezes eles poderiam se enfraquecer, serem gananciosos e se esquecerem de obedecer aos mandamentos de Deus.

Você sabia?

Josué morreu logo depois deste discurso. Ele tinha cento e dez anos de idade.

As Tribos e o Altar

Josué 22:34 O povo de Rúben e de Gade disse: "Este altar é uma testemunha para todos nós de que o Senhor é Deus". E assim deram ao altar o nome de "Testemunho".

Um dia, Josué convocou o povo das tribos de Rúben, Gade e Manassés a ouvir uma mensagem.

"Vocês sempre obedeceram ao Senhor e o serviram bem", Josué disse a eles. "Por causa disso, estou enviando vocês de volta para suas casas, com minha bênção".

Assim, deixando os outros israelitas em Canaã, no oeste do Jordão, as tribos de Rúben, de Gade e de Manassés retornaram a Gileade, no lado oriental do Jordão.

No caminho, as tribos pararam para construir um grande altar em um lugar chamado Gelilote. Quando o povo de Israel ouviu isso, eles ficaram furiosos – e declararam guerra! "Como essas tribos do leste se atrevem a construir um altar do nosso lado do Jordão!", disseram eles.

Fineias, filho do sacerdote Eleazar, foi até as tribos de Rúben, Gade e Manassés e disse: "Rebelaram-se contra o Senhor construindo seu próprio altar para fazer ofertas, e agora Deus ficará zangado com todos os israelitas!".

Mas as tribos disseram a Fineias que não haviam construído o altar para eles, mas para que seus descendentes em Canaã vissem o altar e soubessem que eles, as tribos de Rúben, de Gade e de Manassés, adoravam a Deus.

Quando Fineias ouviu isso, ele ficou feliz, assim como o povo de Israel, que cancelou a guerra.

Débora e Jael

Juízes 4:9 Ela respondeu: "Tudo bem, eu vou com você, mas você não ficará com as honras da vitória, porque o Senhor entregará Sísera a uma mulher".

Agora que Josué estava morto, os israelitas se enfraqueceram e se esqueceram de Deus. Mas Deus nunca deixou de amá-los e vez ou outra enviava líderes corajosos, conhecidos como "juízes", para ajudá-los a sair de seus caminhos desobedientes.

Um desses "juízes" foi Débora. Deus a enviou para ajudar os israelitas, que estavam sendo invadidos pelos cananeus. Jabim, seu rei, tinha um grande número de soldados, que eram liderados por um general chamado Sísera.

Outrora com uma força poderosa, os israelitas estavam agora com muito medo de lutar contra Sísera. Então, Débora mandou chamar um israelita chamado Baraque e lhe disse: "Leve dez mil soldados para o monte Tabor. Eu trarei Sísera para lutar com você no rio Quisom, mas você sairá vitorioso!".

Mas Baraque disse que só iria se Débora fosse com ele. Isso irritou Débora, que lhe disse: "Está bem, eu vou com você – mas não pense que vão te aclamar como o herói da batalha. Deus me disse que Sísera será morto por uma mulher."

Os israelitas venceram a batalha, exatamente como Débora previra, e somente Sísera conseguiu escapar. Ele correu para a tenda de uma mulher chamada Jael, que concordou em escondê-lo. Mas assim que Sísera adormeceu, Jael o matou com uma estaca da tenda. Assim como Débora dissera, Sísera morreu pelas mãos de uma mulher.

Deus Vem a Gideão

Juízes 7:21 E cada um ficou parado no seu lugar em volta do acampamento. Então todo o exército inimigo fugiu, gritando.

Os israelitas tinham um poderoso inimigo, os midianitas. Eles eram homens violentos da tribo que esperavam até que chegasse a hora da colheita. Então invadiam os campos, queimando trigo e roubando uvas, azeitonas e animais.

Após sete anos dos mesmos acontecimentos, os israelitas estavam em desespero. Então Deus enviou um anjo a um jovem fazendeiro chamado Gideão. "Salve o seu povo!", o anjo disse a ele.

"Mas eu sou apenas um pobre agricultor", disse Gideão.

"O Senhor estará com você", o anjo confirmou a ele.

Quando Gideão reuniu um numeroso exército, Deus disse: "Leve-os para o rio para beber água. Mantenha com você aqueles que lambem a água como cachorros, mas mande embora os outros".

Quando a escuridão caiu, Gideão deu a cada um dos trezentos homens que haviam lambido a água uma trombeta e uma tocha flamejante dentro de um jarro. Silenciosamente, o exército israelita cercou o acampamento dos midianitas.

Então, ao sinal de Gideão, eles tocaram as trombetas, quebraram os jarros e revelaram suas tochas e então gritaram o mais alto que puderam. Confusos e aterrorizados, os midianitas começaram a lutar entre si noite adentro. Deus ajudou Gideão a combater o inimigo.

Jotão e Abimeleque

Juízes 9:6 Então todos os homens de Siquém e Bete-Milo se ajuntaram e foram para o carvalho sagrado em Siquém, onde fizeram Abimeleque rei.

Gideão teve setenta filhos com suas muitas esposas, incluindo Abimeleque, seu filho com uma jovem criada.

Após a morte de Gideão, Abimeleque temia que seus meios-irmãos governassem a terra. Ajudado pelos parentes de sua mãe, que moravam em uma cidade chamada Siquém, Abimeleque contratou um bando de assassinos e malfeitores para ajudá-lo.

Então Abimeleque e seus seguidores foram para a casa de seu pai e mataram todos os seus irmãos, exceto Jotão, o filho mais novo de Gideão, que conseguiu se esconder. Então os homens de Siquém e de Bete-Milo fizeram de Abimeleque seu rei.

Quando Jotão ouviu que Abimeleque havia sido feito rei, ele contou ao povo de Siquém uma história: "Há muito tempo, todas as árvores tentaram escolher um rei".

"Para governar vocês, eu teria que parar de produzir meu óleo, que é usado para honrar deuses e homens", disse a oliveira

"Eu teria que parar de produzir minha deliciosa fruta", disse a figueira.

"Eu teria que parar de produzir meu vinho com sabor adocicado", disse a videira.

"Só o espinho afiado e espinhoso queria governar as árvores. Ameaçou os outros, dizendo: 'Se vocês quiserem fazer de mim seu rei, então venham e se abriguem em minha sombra. Se vocês não fizerem isso, o fogo sairá dos meus galhos espinhosos e queimará todas as árvores que não fizerem o que eu digo'".

Jotão estava tentando dizer ao povo que eles não haviam escolhido o seu rei sabiamente, pois um homem como Abimeleque só podia governar através de ameaças e violência.

Depois de Abimeleque ter governado por três anos, o povo se rebelou contra ele e o matou.

Sansão e o Leão

Juízes 14:8 No caminho, ele saiu da estrada para olhar o cadáver do leão e ficou surpreso ao ver que nele havia um enxame de abelhas e mel.

Um casal israelita, que não tinha filhos, foi visitado por um anjo. Ele lhes disse que logo teriam uma criança e que o menino teria uma grande vitória sobre os inimigos dos israelitas, os filisteus. "Mas nunca cortem o cabelo dele", avisou o anjo. O menino recebeu o nome de Sansão e se tornou alto e forte.

Anos depois, Sansão se apaixonou por uma mulher filisteia. Seus pais queriam que ele fosse feliz, então concordaram que ele poderia se casar com ela. Enquanto estavam a caminho para visitar a noiva, Sansão foi atacado por um leão. Mas Deus lhe deu uma força tão grande que ele foi capaz de matar o leão com as próprias mãos.

Alguns dias depois, a caminho do seu casamento, Sansão notou que as abelhas haviam construído uma colmeia no cadáver do leão. No primeiro dia das celebrações do casamento, Sansão propôs um enigma aos convidados filisteus. Para a pessoa que o desvendasse, Sansão daria trinta trocas de roupas novas e finas. Ele disse:

"Do que come saiu comida; do que é forte saiu doçura".

Os filisteus ameaçaram matar a noiva de Sansão, a menos que ela lhes dissesse a resposta para o enigma de Sansão. Então ela o importunou até que ele deu a resposta. Naquela noite, os homens disseram a Sansão: "O que é mais doce que o mel e mais forte que um leão?".

Percebendo que sua esposa o havia traído, Sansão voltou para casa dos pais e nunca mais a viu – e ele lutou com os inimigos filisteus o resto de sua vida.

Sansão e Dalila

Juízes 16:17 Sansão disse a Dalila: "Meu cabelo nunca foi cortado. Eu sou consagrado a Deus como nazireu desde o dia em que nasci".

Sansão era um nazireu, que é uma pessoa consagrada a Deus. Como tal, Sansão nunca havia cortado o cabelo e muitas vezes o trançava.

Depois de deixar sua primeira esposa, Sansão acabou se apaixonando por outra mulher, cujo nome era Dalila. Alguns filisteus se ofereceram para pagar uma boa quantia a ela se descobrisse o segredo da força de Sansão.

Dalila, que era muito gananciosa, perguntou várias vezes a Sansão o que o tornava tão forte. Cada vez que ela perguntava, Sansão dava uma resposta diferente. Mas nenhuma de suas histórias era verdadeira. Por fim, Sansão cedeu e contou a esposa a verdadeira resposta. "Se meu cabelo for cortado, eu perco minhas forças", disse ele. É claro que Dalila foi logo contar aos filisteus o segredo de Sansão.

Naquela noite, quando Sansão adormeceu, um dos filisteus entrou e cortou o cabelo dele. Sansão, agora enfraquecido, logo foi dominado. Os filisteus capturaram Sansão e o prenderam na prisão. Mas então seu cabelo começou a crescer de novo.

Algum tempo depois, os filisteus fizeram uma grande festa no templo para celebrar sua vitória sobre Sansão. "Tragam Sansão aqui!", eles riram. O templo estava lotado e todos zombavam de Sansão.

"Amado Senhor", ele orou, "eu suplico, me dê forças apenas mais uma vez".

Sansão esticou os braços e empurrou as colunas que sustentavam o templo, e todo o edifício desabou, matando a todos, inclusive o próprio Sansão.

Rute e Boaz

Rute 1:16 Mas Rute respondeu: "Não me proíba de ir com a senhora, nem me peça para abandoná-la! Onde a senhora for, eu irei; e onde morar, eu também morarei. O seu povo será o meu povo, e o seu Deus será o meu Deus".

Naomi morou em um lugar chamado Moabe por vários anos. Seu marido e seus dois filhos morreram lá e ela agora vivia com as duas viúvas de seus filhos, Orfa e Rute. No entanto, Naomi ansiava por voltar a Belém, onde ela havia vivido quando era jovem.

"Nós vamos com você", disseram as noras. "Não", disse Naomi. "Voltem para suas famílias ou se casem novamente". Orfa retornou para sua família, mas Rute decidiu ir com Naomi.

Elas chegaram a Belém na época da colheita. Naqueles dias, as mulheres não tinham permissão para trabalhar, mas a lei dizia que os pobres poderiam ir para os campos e recolher as espigas deixadas no chão. Então Rute foi para uma plantação e juntou cevada e trigo.

A fazenda pertencia a Boaz, um rico fazendeiro. "Quanta gentileza dessa mulher em cuidar de sua sogra", disse ele a seus empregados. "Deixem cair um pouco de cevada para ela recolher". Naquela noite, Rute trouxe para casa quase uma arroba de cevada, do que ela fez farinha e depois assou pão.

Naomi ficou encantada ao saber em qual fazenda Rute trabalhara. "Boaz é meu parente", disse ela. "Talvez ele nos ajude. Volte lá amanhã".

Assim, durante toda a colheita, Rute retornou à mesma lavoura. Logo Boaz se apaixonou por ela. No final da colheita, Rute e Boaz se casaram e, no ano seguinte, para o deleite de Naomi, tiveram um filho.

O Filho de Ana

1Samuel 3:8-9 Então Eli entendeu que era o Senhor que chamava o menino.

Elcana teve duas esposas, Penina e Ana. Penina, que tinha filhos, provocava Ana, pois ela não tinha nenhum. Certa noite, Ana foi ao templo e orou a Deus: "Por favor, conceda-me um filho e prometo dedicá-lo ao Senhor".

Eli, o sumo sacerdote, abençoou Ana antes de ela partir. "Que Deus conceda o seu desejo", disse ele.

Algum tempo depois, Ana deu à luz um filho chamado Samuel. Para cumprir sua promessa, ela levou Samuel para o templo e entregou-o a Eli.

Todos os anos, Ana visitava Samuel e dava-lhe uma nova túnica. O menino cresceu e se tornou honesto, ao contrário dos filhos de Eli.

Certa noite, Samuel ouviu alguém chamar seu nome. Ele se levantou e correu para Eli. "Eu não chamei você", disse o velho homem.

Três vezes Samuel ouviu a voz e, por fim, Eli lhe disse: "Você deve ter ouvido a voz de Deus. Se ele te chamar novamente, diga: 'Fale comigo, Senhor. Seu servo está escutando'".

Então desta vez, Samuel respondeu ao chamado de Deus. "Diga a Eli que castigarei seus filhos, porque eles se voltaram contra mim", disse Deus.

Na manhã seguinte, quando Samuel contou a Eli o que Deus havia dito, Eli respondeu tristemente: "Ele é Deus. Ele deve fazer o que é certo".

Logo depois, os filhos de Eli foram mortos pelos filisteus em batalha.

Deus Visita Samuel

1Samuel 8:18 "Quando isso acontecer, vocês chorarão amargamente por causa do rei que escolheram, porém o Senhor Deus não ouvirá as suas queixas".

Logo depois de Deus ter falado com Samuel, os filisteus atacaram os israelitas e os derrotaram em uma terrível batalha. Alguns israelitas tiveram a ideia de levar o baú da aliança para o campo de batalha, para mostrar a seus inimigos que Deus estava com eles. Os filhos de Eli levaram o baú para o acampamento do exército.

Quando viram o baú no campo de batalha, os soldados israelitas gritaram alto. Por sua vez, os filisteus lutaram ainda mais. Eles derrotaram os israelitas, mataram os filhos de Eli e levaram a arca do Senhor como triunfo.

A essa altura, Eli estava muito velho e quase cego. Quando soube que seus filhos estavam mortos e que a caixa sagrada havia sido levada, ele caiu no chão e morreu.

Mas por onde quer que a arca do Senhor fosse, doença e peste se espalhavam. Com medo, os filisteus colocaram o baú em um carrinho de madeira, empilharam presentes de ouro em volta e mandaram de volta para Israel.

Assim que os israelitas recuperaram a arca, os filisteus começaram a atacá-los novamente. Samuel, que agora era um adulto respeitado, reuniu os israelitas. "Deus só irá livrá-los da perseguição dos filisteus se deixarem de adorar outros deuses", disse ele.

As pessoas fizeram como Samuel disse. Seguindo os caminhos de Deus, eles se fortaleceram contra os filisteus e reconquistaram todas as cidades que haviam sido tomadas. Samuel ajudou e aconselhou quem precisava. Estando tão perto de Deus, ele era um juiz justo e honesto.

Anos depois, quando Samuel envelheceu, as pessoas começaram a discutir o que fariam quando ele morresse. Eles o convidaram para uma reunião e disseram que queriam um rei. Samuel ficou triste, pois sentiu que os israelitas não o queriam mais. Samuel contou a Deus como se sentia.

"Eles estão me recusando como seu líder, não você, Samuel. Eles não querem mais que eu os lidere", Deus respondeu. Então Samuel reuniu todos novamente. "Se vocês querem um rei", ele avisou, "ele tomará tudo o que é de vocês. Ele fará seus filhos lutarem em seus exércitos e suas filhas trabalharem em seu palácio. Ele levará sua terra".

"Mas nós queremos um rei!", repetiu o povo. Eles imaginavam um homem maravilhoso que tornaria suas vidas ainda melhores. "Dê a eles o que pedem", disse Deus a Samuel. "Você terá seu rei em breve", disse Samuel aos israelitas.

Você sabia?

O baú de ouro da aliança também era conhecido como a Arca da Aliança. Foi feito para guardar as tábuas de pedra sagradas, nas quais foram escritos os Dez Mandamentos.

Saul se Torna Rei de Israel

1Samuel 10:24 Samuel disse ao povo: "Aqui está o homem que o Senhor Deus escolheu! Não há ninguém igual a ele entre nós".

Quando Samuel, o líder dos israelitas, ficou velho, Deus lhe disse: "Um homem da tribo de Benjamim virá a você. Ele será rei. Você o reconhecerá quando o vir".

Logo depois disso, um jovem alto chamado Saul se aproximou de Samuel na entrada da cidade. "Eu perdi três das minhas jumentas", disse ele. "Eu sei que você é um vidente. Pode me dizer onde elas estão?"

"Suas jumentas estão seguras", respondeu Samuel, "mas agora deverá vir comigo, porque você será o primeiro rei de Israel".

"Mas eu não sou importante! Eu venho da menor tribo de Israel", respondeu Saul.

Sorrindo, Samuel pegou um pequeno frasco de óleo e borrifou algumas gotas na cabeça de Saul. Este foi um sinal de que Deus o havia escolhido.

Mais tarde, Samuel quis apresentar Saul ao povo. Mas quando a enorme multidão de israelitas se reuniu, Saul escondeu-se de todos.

Quando os israelitas finalmente o persuadiram a se apresentar, Saul ficou em pé no meio do povo, e nem os homens mais altos podiam alcançar seus ombros.

"Viva o rei Saul! Deus salve o rei!", gritavam os israelitas.

Então Samuel ungiu Saul como rei, o que queria dizer que ele deveria seguir as leis de Deus e não apenas fazer o que ele lhe bem aprouvesse.

Saul se Esquece de Deus

1Samuel 13:13 Então disse Samuel a Saul: "O que você fez foi uma loucura! Não obedeceu a ordem do Senhor, nosso Deus. Se tivesse obedecido, ele teria deixado que você e seus descendentes governassem Israel para sempre. Mas agora, o Senhor vai encontrar outro homem e o fará chefe desse povo".

Nem todos se alegraram quando Saul se tornou rei. "Quem ele pensa que é?", resmungaram alguns dos israelitas.

Enquanto isso, outro inimigo, os amonitas, atacaram a cidade de Jabes. Os israelitas enviaram uma mensagem urgente a Saul, que imediatamente convocou seu exército e atacou os amonitas na manhã seguinte. Ao meio-dia, o exército amonita havia sido derrotado. Os israelitas ficaram radiantes e queriam matar todos que não queriam que Saul fosse rei, mas ele disse que não haveria mais mortes naquele dia vitorioso.

Todos os israelitas se sentiram felizes por Saul ter provado sua capacidade de ser rei.

Dois anos depois, milhares de filisteus reuniram-se na fronteira de Israel, preparando-se para a invasão. Samuel disse a Saul que esperasse por sete dias e então juntos eles ofereceriam um sacrifício a Deus. Mas depois de sete dias, Samuel não retornou e Saul ficou impaciente e fez o sacrifício sozinho.

Quando Samuel voltou, ele perguntou: "Por que você me desobedeceu?".

"Porque você não veio, os filisteus podem atacar a qualquer momento, e eu estava preocupado, pois se eu não oferecesse o sacrifício, nós seríamos derrotados", explicou Saul.

"Você desobedeceu a Deus!", disse Samuel. "Porque você foi contra a sua palavra, seus filhos não vão sucedê-lo e outra família, que não a sua, governará Israel".

Você sabia?

Todos os homens de Saul, incluindo seus três filhos, foram mortos em batalha no monte Gilboa.

Davi e Golias

1Samuel 17:32-33 Davi disse: "Ninguém deve ficar com medo desse filisteu. Eu vou lutar contra ele". Saul respondeu: "Você não pode lutar contra esse filisteu. Você não passa de um rapazinho, e ele tem sido soldado a vida inteira!".

Deus disse a Samuel para ir a Belém e encontrar um homem chamado Jessé. "Um de seus filhos será o próximo rei".

Em Belém, as pessoas faziam fila para que Samuel as abençoasse, pois agora ele era um homem conhecido e poderoso. Todos os sete filhos de Jessé foram abençoados e Samuel se perguntou qual daqueles homens altos e bonitos Deus havia escolhido. Mas, ao abençoar cada um deles, Deus disse: "Não olhe para seus rostos, mas para seus corações".

Finalmente, Samuel virou-se para Jessé e perguntou: "Todos os seus filhos estão aqui?"

Jesse respondeu: "Meu filho mais novo, Davi, está nos campos, cuidando das ovelhas".

"Por favor, vá buscá-lo", disse Samuel.

Quando o menino apareceu, Deus disse: "É este".

Naquela época, Saul e os israelitas estavam em guerra com os filisteus.

Certa manhã, um homem chamado Golias saiu do exército filisteu e parou diante dos israelitas. Ele era o homem mais alto e mais forte que alguém já tinha visto.

"Escolham alguém do seu povo para lutar comigo", ele gritou para os israelitas. "Se esse alguém me matar, os filisteus serão seus escravos. Mas, se eu ganhar, vocês é que serão nossos escravos". Saul e seu exército ficaram preocupados. Quem poderia lutar contra tal homem e vencer?

Davi foi enviado para o acampamento dos israelitas por seu pai para levar comida para três de seus irmãos. Quando ele chegou, Golias declarou seu desafio novamente.

"Golias não é mais forte que Deus", disse Davi. "Eu vou lutar com ele!"

Saul ouviu isso e disse: "Golias é um soldado poderoso. O que faz você pensar que poderia ganhar?".

"Eu posso ser jovem", disse Davi, "mas com a ajuda de Deus eu matei leões e ursos que atacaram minhas ovelhas. Deus vai me ajudar agora também".

Recusando capacete e armadura, Davi, que já estava com estilingue na mão, pegou no riacho cinco pedras lisas. Então ele caminhou em direção a Golias.

"Saia do meu caminho, garoto!", rugiu Golias. "Eu não luto com crianças!"

"Você vem contra mim com espada e lança", gritou Davi, "mas eu vou contra você em nome do Senhor Todo-Poderoso, o Deus dos exércitos israelitas, que você desafiou". E continuou Davi, "Hoje mesmo o Senhor Deus entregará você nas minhas mãos!".

Furioso, Golias caminhou em direção a Davi, que armou seu estilingue com uma pedra e lançou-a contra ele. A pedra atingiu a testa de Golias e afundou, fazendo o gigante cair. Quando os filisteus viram que Golias estava morto, fugiram do campo de batalha.

Você sabia?

Os pastores costumavam levar consigo um estilingue para lançar pedras em animais que ameaçavam suas ovelhas.

Jônatas salva Davi

1Samuel 24:17-18 Disse a Davi: "Você é mais justo do que eu, pois me tratou bem, embora eu tivesse tratado você muito mal".

Saul ficou tão contente com Davi que deu a ele o comando do exército e o levou para morar em sua própria casa. O filho de Saul, Jônatas, amava Davi como um irmão e compartilhou todas as suas roupas caras e pertences com ele. A filha de Saul, Mical, casou-se com Davi, e os israelitas o trataram como seu herói.

Mas, depois, Saul teve ciúmes de Davi, tanto que um dia atirou uma lança em sua cabeça. Felizmente, Davi se desviou da lança e escapou. Jônatas falou com seu pai em defesa de Davi, mas não adiantou. Saul odiava Davi.

No dia seguinte, Jônatas avisou a Davi que Saul ainda estava tentando matá-lo e aconselhou seu amigo a ir para o deserto e se esconder.

Um dia, Saul entrou na caverna onde Davi estava se escondendo. Davi o viu e se aproximou por trás dele e cortou um pedaço de seu manto. Quando Saul saiu da caverna, Davi o chamou: "Meu rei, sou eu, Davi. Veja o quão perto cheguei de matar você, e ainda assim eu poupei sua vida! Eu não faria mal a alguém que foi ungido por Deus".

Envergonhado, Saul respondeu: "Davi, eu te tratei mal, mas você é maior do que eu. Você pode reinar como o futuro rei de Israel. Mas prometa-me que, quando você for rei, você vai tratar bem a minha família".

Davi prometeu que assim ele faria.

Davi e Abigail

1Samuel 25:32 Então disse Davi a Abigail: Bendito seja o Senhor, o Deus de Israel, que hoje a enviou ao meu encontro!

Enquanto Davi e seus seguidores se escondiam de Saul no deserto, era muito difícil encontrar comida. Então, quando um rico fazendeiro chamado Nabal deu uma festa, Davi enviou alguns mensageiros até ele.

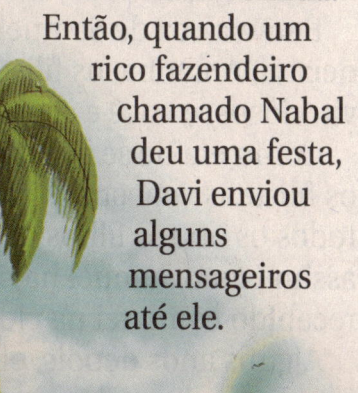

"Seríamos gratos por qualquer alimento que você puder nos dar", disseram eles.

Mas Nabal desdenhou deles. "Eu nunca ouvi falar de Davi e não vou dar da minha comida para um bando de mendigos!", ele disse.

Quando Davi soube disso, ficou furioso. "Peguem suas espadas!", ordenou. "Vamos mostrar a Nabal quem somos nós!".

Mas a esposa de Nabal, Abigail, que era uma mulher jovem e bondosa, estava angustiada pela mesquinhez do marido. Secretamente, ela mandou carregar cinco jumentos com frutas, pão, bolos de figo, carne e vinho, e foi com seus servos encontrar Davi.

Quando Abigail o viu, ela implorou por sua misericórdia. "Por favor, não faça vingança por causa do que o tolo do meu marido disse!", ela implorou.

Davi prometeu a Abigail que ele deixaria Nabal ileso.

Quando Abigail voltou para casa, Nabal estava embriagado e dando uma festa. Na manhã seguinte, quando contou ao marido que tinha se encontrado com Davi, seu coração falhou e ele morreu dez dias depois. Mais tarde, Abigail se casou com Davi.

Rei Davi

2Samuel 6:21 "Eu estava dançando para honrar o Senhor, que me escolheu, em vez de seu pai e sua família, para fazer de mim o líder de seu povo em Israel".

Quando Samuel morreu, todos lamentaram a sua perda. Os filisteus estavam se preparando para outra batalha e Saul se sentiu impotente. Em desespero, ele visitou uma bruxa que alegou que poderia falar com os mortos. Como a bruxaria era proibida, Saul foi disfarçado. "Pergunte a Samuel o que vai acontecer", disse ele.

"Eu vejo um homem vestido com um manto", respondeu a bruxa.

Então a voz de Samuel falou: "Deus o deixou. Amanhã, os filisteus serão vitoriosos, e você e seus filhos morrerão".

Como era de se esperar, no dia seguinte, os filisteus venceram a batalha e Jônatas e todos os outros filhos de Saul morreram, assim como Samuel havia predito. Davi foi recebido como rei na cidade de Hebrom.

Alguns anos depois, ele levou os israelitas a Jerusalém, que seria sua nova capital. Mas o povo de Jerusalém não os deixava entrar, então alguns israelitas subiram em um poço e abriram os portões. Então todos eles correram e tomaram a cidade.

Mais tarde, uma procissão enorme seguiu os sacerdotes que conduziam a Arca da Aliança em Jerusalém. Davi estava tão feliz que ele dançou com seu povo. A esposa dele, Mical, o repreendeu: "Você se comportou como um tolo!".

"Nada que eu faça pela honra de Deus está errado!", respondeu Davi. "Na verdade, construirei aqui um templo para adorar a Deus".

Davi e Bate-Seba

2Samuel 12:13-14 Davi disse "Eu pequei contra Deus, o Senhor". E Natã respondeu: "O Senhor perdoou o seu pecado; você não morrerá. Mas, porque, fazendo isso, você mostrou tanto desprezo pelo Senhor, o seu filho morrerá".

Uma noite, da janela do seu palácio, Davi viu uma linda mulher tomando banho.

"O nome dela é Bate-Seba", um mensageiro disse a ele. "Ela é a esposa de Urias, um dos seus soldados que está em guerra".

Como a maioria dos reis da época, Davi tinha várias esposas, e agora também queria se casar com Bate-Seba. Ele enviou uma ordem secreta ao comandante do exército, dizendo que colocasse Urias na linha de frente, onde a luta era mais violenta.

Em pouco tempo, chegou a notícia de que Urias havia sido morto, assim como Davi queria. Davi se casou com Bate-Seba, que logo deu à luz um filho.

Deus estava com raiva e enviou um profeta chamado Natã para mostrar a Davi quão cruel ele tinha sido com Urias.

Natã contou a Davi uma história. "Havia dois homens. Um era rico, tinha muitos animais, e o outro era pobre, e sua única posse era um cordeirinho que ele amava muito. O viajante, o homem pobre, chegou à casa do rico e pediu comida. Não querendo perder nenhum de seus animais, o homem rico matou e cozinhou o cordeiro do pobre homem".

Davi ficou horrorizado. "O homem rico deve ser punido!".

"Você é como o homem rico", disse Natã. "E será punido. Por causa do que você fez, seu filho morrerá!".

Absalão se Rebela

2Samuel 18:17 Eles pegaram o corpo de Absalão e o jogaram em uma cova funda na floresta e o cobriram com uma enorme pilha de pedras.

O rei Davi teve muitos filhos, e todos eles tinham inveja uns dos outros. Quem Davi escolheria como o próximo rei? Um de seus filhos, Absalão, lutou e matou seu meio-irmão, que era o filho mais velho de Davi. Absalão fugiu, mas dois anos depois ele retornou a Jerusalém.

Absalão sentia muito orgulho de seu cabelo comprido. Ele também estava determinado a ser o próximo rei, então se fez popular com o povo antes de ir para Hebrom e criar um exército. Então ele desafiou seu pai a lutar.

Davi saiu de Jerusalém liderando milhares de homens, mas deu instruções aos comandantes para pouparem Absalão.

Depois de uma longa batalha, Absalão e seus homens escaparam. Ele montou em sua mula, que correu pela floresta e passou por debaixo dos galhos de uma grande árvore, mas Absalão ficou preso nos galhos pela cabeça. Ao saber disso, Joabe, o comandante do exército, cavalgou com seus soldados até onde Absalão ainda estava pendurado e eles o mataram.

Quando Davi foi informado da morte de Absalão, ficou inconsolável. "Meu filho!", ele chorou. "Quem me dera ter morrido em seu lugar!".

Davi Escolhe Salomão

1Reis 1:39 Então Zadoque, o sacerdote, pegou na tenda o chifre com óleo e ungiu Salomão. Então tocaram a trombeta e todo o povo gritou: "Viva o rei Salomão!".

O rei Davi estava velho e doente. Do lado de fora de seu quarto, as pessoas discutiam quem seria o próximo rei. Agora que Absalão estava morto, Adonias era o filho mais velho de Davi. Ele era bonito e ambicioso e decidira ser coroado imediatamente.

Adonias realizou uma festa e declarou-se rei, mas não convidou Salomão, que era o segundo filho de Bate-Seba. Assim que Bate-Seba soube disso, ela correu para dizer a Davi: "Você prometeu que nosso filho Salomão seria seu sucessor", disse ela. "Todo mundo está ansioso para saber quem será o rei, e agora Adonias está dizendo a todos que ele será o próximo rei".

Natã, o profeta, também estava lá. "É verdade", disse ele a Davi. "As pessoas estão gritando: 'Viva o rei Adonias!'".

"Adonias não é o meu escolhido!", disse Davi. "Salomão será o próximo rei. Coloque-o na minha mula e conduza-o pela cidade. Deixe o sumo sacerdote ungi-lo com óleo, depois toque a trombeta e traga-o de volta para se sentar no trono".

Quando Adonias ouviu o povo aplaudindo o rei Salomão do lado de fora do palácio, ele sabia que seu plano havia fracassado. O rei Davi havia escolhido Salomão para ser o próximo rei de Israel.

O Pedido de Salomão

1Reis 3:11 "Porque você pediu sabedoria para governar justamente, ao invés de pedir vida longa, ou riquezas ou a morte dos seus inimigos, farei o que pediu".

Quando se aproximava o dia da morte do rei Davi, ele falou com Salomão: "Logo não estarei aqui para aconselhá-lo. Seja forte e sempre obedeça a Deus".

Depois da morte de Davi, Salomão tornou-se rei e casou-se com a filha do rei do Egito. Ele tentou fazer o que Deus queria, mas estava mais preocupado em governar o povo de Israel da sua forma. Entretanto, Salomão sempre orava a Deus e pedia conselhos, até que uma noite Deus falou com ele em um sonho.

"Diga-me o que você quer", disse Deus.

Salomão respondeu: "Você me tornou o rei de um grande povo, mas não tenho ideia de como governá-lo. Por isso eu peço, me dê sabedoria".

Deus ficou satisfeito e respondeu: "Porque você não pediu nada para si mesmo, eu concederei seu desejo. Se você obedecer minhas leis, você será o rei mais sábio que já viveu. Eu também lhe darei coisas que você não pediu. Você será rico e respeitado por todos e terá uma vida longa".

Salomão sabia que era um sonho, mas ele também sabia que Deus havia realmente falado com ele, então deu uma festa para celebrar a promessa de Deus para ele.

O Rei Sábio

1Reis 3:28 Quando o povo de Israel soube da decisão de Salomão, eles passaram a respeitá-lo ainda mais, porque sabiam que Deus lhe dera a sabedoria para resolver as disputas com justiça.

Deus concedeu o desejo de Salomão. Ele se tornou muito sábio e muitas pessoas vinham até ele a fim de pedir ajuda para resolver seus problemas.

Um dia, duas mulheres vieram ver Salomão. Uma das mulheres carregava um bebê.

"Vossa Majestade", uma das mulheres começou, "nós moramos juntas na mesma casa".

A outra mulher acrescentou. "Nós duas tivemos bebês com poucos dias de diferença". "Certa noite", continuou a primeira mulher, "o bebê dela morreu e ela pegou o meu bebê enquanto eu dormia e deixou seu bebê morto no lugar!".

"Isso não é verdade!", lamentou a segunda mulher. "Este bebê é meu!".

As duas mulheres começaram a discutir e o rei Salomão deixou que continuassem a brigar por um tempo. Então ele disse: "Tragam minha espada!" A espada foi trazida a Salomão e ele ordenou: "Cortem a criança ao meio!".

"Isso parece justo", disse uma mulher.

"Não! Não mate meu bebê! Eu prefiro entregá-lo a você a vê-lo morto!", soluçou a segunda mulher.

Salomão sorriu: "A mãe dessa criança é quem quer poupar sua vida. Dê o bebê para ela"!

Essas histórias sobre a sabedoria de Salomão se espalharam por todo o mundo.

Templo de Salomão

1Reis 8:65 Ali no templo, Salomão e todo o povo de Israel celebraram a Festa das Cabanas por sete dias.

No quarto ano do reinado de Salomão, ele começou a construir um maravilhoso templo para Deus. Grandes pedras e madeiras nobres, como o cedro, foram usadas nas fundações e paredes. Os melhores cedros cresciam em um lugar chamado Tiro, de modo que Salomão fez um tratado com Hirão, rei de Tiro. Uma vez cortada, a madeira era amarrada em jangadas e navegava pela costa, perto de onde Salomão estava construindo o templo. Em troca, Salomão forneceu a Tiro trigo e azeite.

O templo seria um lugar maravilhoso onde a Arca da Aliança seria mantida em uma sala especial. O santuário interno, que ficava na parte de trás do templo, não tinha janelas, e o chão e as paredes eram revestidos de ouro. O interior da sala era de cedro, com figuras entalhadas de frutos e flores, também revestidas de ouro.

A sala externa tinha um altar e dez luminárias, tudo de ouro. As mesas, xícaras e tigelas – até as bacias que eram usadas para levar as brasas – eram feitas de ouro reluzente, e do lado de fora havia belos pátios.

Milhares de homens trabalharam no templo do Senhor por sete anos. Quando a construção terminou, Salomão realizou uma cerimônia especial de inauguração, na qual os sacerdotes levaram a Arca da Aliança para o interior do templo. Então eles fizeram uma grande festa, que durou uma semana.

A Visita da Rainha de Sabá

1Reis 10:1 A rainha de Sabá ouviu falar da fama de Salomão e foi até Jerusalém a fim de pô-lo à prova com perguntas difíceis.

A rainha de Sabá vivia em um reino do sul, no outro extremo das antigas rotas comerciais. Quando ouviu falar de Salomão, a rainha decidiu ver por si mesma quão sábio ele era.

A rainha elaborou uma lista de perguntas difíceis para Salomão. Então, levando joias, ouro e especiarias, ela partiu para Jerusalém. Quando chegou ao palácio de Salomão, a rainha foi levada à sala do trono.

"Todos esses presentes são para você", disse a rainha a Salomão. "Agora, deixe-me fazer algumas perguntas".

"Pergunte-me o que quiser", disse Salomão.

A rainha ficou surpresa ao descobrir que Salomão podia responder e explicar a cada pergunta. "Tudo o que ouvi sobre você é verdade!", exclamou. "Você é mais sábio e mais rico do que pensei que seria possível. Que sorte o seu povo tem por ter você como seu rei!".

Então Salomão deu à rainha tantos presentes preciosos quanto ela lhe dera.

"Eu posso ver que Deus deu a Israel um rei maravilhoso", disse a rainha, e voltou para casa.

Pecados de Salomão

1Reis 11:3 Salomão casou-se com setecentas princesas e teve também trezentas concubinas. Elas o fizeram se afastar de Deus.

Durante o reinado de Salomão, Israel floresceu. Belos edifícios e grandes cidades foram construídas. Mas para bancar tudo isso, as pessoas tinham que pagar impostos e os homens tinham que trabalhar para o rei e não para si mesmos. Para a marinha de Salomão ter sucesso, os marinheiros tiveram que deixar suas casas e famílias durante anos e viajar a outros países para trazer riquezas para o rei. Alguns nunca voltaram, perecendo nos mares. Então, muito dinheiro era investido no tesouro de Salomão a cada ano, mas ele gastava muito mais do que arrecadava. Por isso, muitos israelitas ficaram pobres e infelizes.

Salomão também se casou com princesas de outros países, que adoravam seus próprios deuses. Isso ajudou a manter a paz entre eles, porque os pais de suas esposas não guerreariam com seu genro e isso era bom para o comércio. Mas também trouxe problemas, já que as esposas de Salomão adoravam seus próprios deuses e deusas.

Deus estava chateado. Ele ansiava por ver Salomão seguindo-o como Davi havia feito. "Salomão", disse Deus, "prometi dar a você o reino de Israel e você prometeu me obedecer. Mas você não cumpriu sua parte no trato. Embora eu devesse tirar o reino de você, porque dei a minha palavra a seu pai, Davi, deixarei uma pequena parte do reino para sua família governar depois que você morrer. Mas o resto será dado a outra pessoa.

Acabe e Jezabel

1Reis 16:32 Acabe construiu um templo para Baal em Samaria, fez para ele um altar e o colocou no templo.

Após a morte de Salomão, Israel foi dividido em dois. No sul, Judá era governado pelo filho de Salomão, Roboão. No norte, Jeroboão governava. Ele era um jovem em quem Salomão confiara.

Nenhum dos reis depois de Jeroboão foi fiel a Deus. O rei Acabe pecou contra Deus mais do que qualquer um de seus predecessores. Ele se casou com uma mulher chamada Jezabel, princesa da Fenícia, país vizinho.

Jezabel adorava um deus chamado Baal e estava determinada a pôr fim à adoração do Deus de Israel. Ela acreditava que reis e rainhas podiam criar suas próprias leis e ela mandou executar tantos profetas judeus quanto pode.

Acabe e Jezabel viviam na nova capital da Samaria, construída pelo pai de Acabe. Tinham um grande palácio e construíram um templo para Baal. Eles também construíram uma casa entre colinas e vinhedos exuberantes. Ao lado, havia uma vinha de propriedade de um homem chamado Nabote. Acabe queria comprar a vinha, mas Nabote não queria vendê-la para ele.

Então Jezabel elaborou um plano. Com provas falsas, ela acusou Nabote e seus filhos de traição e eles foram executados. Depois que eles morreram, Jezabel disse a Acabe que a vinha era dele.

O tratamento injusto que Nabote recebeu de Acabe e Jezabel fez muita gente odiá-los e, mais tarde, Deus puniu os dois por seus atos malignos.

Elias, o Mensageiro de Deus

1Reis 17:6 Os corvos lhe traziam pão e carne pela manhã, e pão e carne à tardinha; e ele bebia água do riacho.

Um dia, Elias – o último dos profetas de Deus que restou vivo – visitou Acabe e Jezabel.

"Eu ouvi como você matou todo mundo que não adorava o deus de sua esposa", disse Elias bravamente. "Mas ainda sirvo a Deus e vim para lhe dizer que não haverá mais chuva até que Deus permita!".

O rei e a rainha pareciam irritados quando Elias foi embora. "Como ele ousa vir falar conosco desse jeito?", disseram um para o outro. "Precisamos matá-lo!".

Mas depois que Elias entregou a mensagem, Deus lhe disse para se esconder do outro lado do rio Jordão, pois corria perigo.

Em um país tão quente e seco, a chuva era preciosa. Quando ela cessou, as colheitas secaram e os animais morreram. A comida ficou escassa.

Elias ficou escondido, conforme Deus havia ordenado. Ele bebia a água de um riacho e os corvos traziam comida todos os dias. Mas logo o riacho secou.

"Agora vá para Sarepta, lá uma viúva alimentará você", disse Deus a Elias. Então ele seguiu para o norte e encontrou uma mulher recolhendo gravetos fora dos muros da cidade.

"Por favor, você poderia me dar um pouco de água para beber?", Elias perguntou à mulher. Quando ela foi buscar a água, Elias acrescentou, "e um pedaço de pão?".

A mulher parou. Ela estava tão mal vestida quanto Elias, e ele podia ver que já fazia muito tempo que aquela mulher não comia nada.

"Eu sinto muito, mas não tenho comida em casa. Tudo o que tenho é um punhado de farinha e um pouco de azeite", disse a mulher. "Estou juntando estes gravetos para fazer fogo e preparar uma refeição para mim e meu filho. Essa é a nossa última comida".

"Não se preocupe", disse Elias. "Vá e faça sua refeição, mas, por favor, faça primeiro um bolo para mim. Deus cuidará de você e de seu filho, e vocês sempre terão farinha em sua vasilha e azeite em sua botija".

A mulher correu para casa. Logo ela voltou para Elias. "Aqui está o seu bolo!", exclamou ela, "E é verdade! Minha vasilha está cheia de farinha e minha botija de azeite também está cheia. Você é um homem de Deus de verdade. Por favor, venha e se hospede em nossa casa".

Você sabia?

Naquele tempo, o reino foi dividido em dois: Israel, no norte, e Judá no sul.

Elias e os Profetas de Baal

1Reis 18:18 "Eu não sou criador de problemas para o povo de Israel!", respondeu Elias. "Você e seu pai é que são criadores de problemas, pois abandonaram os mandamentos do Senhor Deus e adoraram as imagens de Baal".

Três anos depois da profecia de Elias, Deus disse a ele para voltar e ir até o rei Acabe.

"Por que você voltou, perturbador?", Acabe perguntou aborrecido ao ver o profeta novamente.

"Envia o seu povo e os sacerdotes de Baal para me encontrarem no Monte Carmelo", respondeu Elias. "Vamos fazer um concurso para ver quem é o verdadeiro Deus".

Todos se reuniram no Monte Carmelo e Elias disse aos sacerdotes de Baal: "Construam um altar a Baal. Coloquem lenha nele e ofereçam um sacrifício a Baal, mas não o atirem no fogo. Chame Baal para mandar o fogo queimar seu sacrifício e acabar com a seca".

Como Baal era o deus da chuva e da tempestade, as pessoas acreditavam que ele seria capaz de enviar raios para queimar o sacrifício. Os sacerdotes de Baal levantaram as armas e gritaram: "Ó Baal, ouve-nos!" Mas as horas se passaram e nada aconteceu.

"Talvez ele esteja dormindo!", riu Elias. Então ele deu ordens para que a água fosse derramada sobre o altar de Deus, de modo que a lenha estivesse molhada e não pegasse fogo. Então Elias orou a Deus: "Senhor, prove agora que realmente é o Deus de Israel".

De repente, Deus enviou fogo do céu e a lenha encharcada explodiu em chamas. Todos caíram e louvaram a Deus. Quase que na mesma hora, o céu escureceu e a chuva caiu, acabando com a seca que Deus havia enviado para punir as pessoas que se afastaram dele.

A Jornada Final de Elias

2Reis 2:12 Eliseu viu e clamou a Elias: "Meu pai, meu pai! Poderoso defensor de Israel! Você se foi!" E ele nunca mais viu Elias novamente.

Um dia, Elias viajava com seu amigo Eliseu. Elias, sabendo que o dia de sua morte se aproximava, pediu a Eliseu que não viajasse mais com ele. Mas Eliseu protestou, dizendo: "Eu não vou deixar você!". Então os dois homens continuaram estrada afora.

Elias e Eliseu chegaram a uma cidade chamada Betel. Elias disse a Eliseu: "Fique aqui, eu vou sozinho", ele disse. Mas Eliseu não o deixou.

Finalmente, chegaram ao rio Jordão e Elias tirou seu manto. Bateu na água com o manto enrolado e a água se dividiu ao meio, abrindo caminho. Ambos atravessaram o rio pisando em terra seca. Então Elias perguntou a Eliseu: "Há alguma coisa que você quer que eu faça por você?"

"Eu gostaria de herdar sua grandeza e poder, como se eu fosse seu filho", Eliseu respondeu.

"Isso é difícil", disse Elias. "Mas se você me vir enquanto eu estiver deixando este mundo, você terá o seu pedido atendido".

De repente, Eliseu viu aparecer no céu um carro de fogo puxado por cavalos de fogo. Antes que ele entendesse o que estava acontecendo, Elias foi levado para a carruagem e desapareceu. Eliseu chorou e o chamou, mas Elias havia partido. Com tristeza, Eliseu pegou o manto de Elias que havia caído no chão e bateu com ele no rio. As águas se separaram e ele caminhou em chão seco como antes, daí em diante ele percebeu que havia herdado os poderes de Elias.

A História de Joás

2Reis 12:2 Por toda a sua vida Joás fez o que agradou ao Senhor, porque o sacerdote Joiada o instruiu.

Quando o neto de Jezabel, o rei Acazias de Judá, foi assassinado, sua mãe, Atalia, ordenou que o resto da família real fosse assassinada, para que ela pudesse ter o trono só para si.

Mas Atalia não percebeu que Joás, o filho de Acazias, e seu neto, tinha sido resgatado por sua tia Jeoseba. Ela o escondeu em um lugar onde Atalia nunca o procuraria.

Jeoseba era casada com o sacerdote Joiada e cuidaram do bebê, em segredo, por seis anos. Então eles decidiram que era hora de coroar o menino rei.

Joiada mandou chamar os guardas do palácio e os fez jurarem segredo absoluto sobre o plano. Todos queriam ajudá-lo a coroar Joás como rei, pois odiavam Atalia, que não adorava o verdadeiro Deus.

No dia de sábado, quando o templo estava cheio, os guardas escoltaram Joás.

"Este é Joás, seu rei!", anunciou Joiada, e ele ungiu Joás e colocou uma coroa em sua cabeça. A multidão aplaudiu e gritou: "Viva o rei!".

Atalia ouviu o barulho e correu para o templo. Ela olhou para o menino e entendeu o que havia acontecido.

"Traição!", ela gritou. Mas os guardas a prenderam e seu reinado perverso acabou.

Ezequias se Volta para Deus

2Reis 18:13 No ano catorze do reinado do rei Ezequias, de Judá, Senaqueribe, rei da Assíria, atacou as cidades fortificadas de Judá e as conquistou.

Liderando seu exército, Salmaneser, o rei da Assíria, destruiu casas e fazendas e assassinou todos aqueles que cruzaram seu caminho enquanto marchava pelo reino de Israel.

Nos últimos anos, o povo de Israel desobedeceu a Deus e voltou a adorar falsos deuses. Agora seu país estava ameaçado e muitos deles tinham sido forçados à escravidão.

Durante esse tempo, um sábio e bom homem chamado Ezequias era rei de Judá. Ele destruiu os altares que as pessoas tinham construído para adorar falsos deuses e insistiu que os Dez Mandamentos fossem seguidos. Então os assírios, sob o comando do novo rei Senaqueribe, invadiram Judá.

Ezequias enviou uma mensagem a Senaqueribe dizendo que ele estava disposto a pagar qualquer preço se os assírios concordassem em deixar sua terra. Senaqueribe exigiu tanta prata e ouro que até as paredes do Templo tiveram de ser retiradas.

Mas embora Senaqueribe guardasse o tesouro, ele quebrou sua promessa e ordenou a seus soldados que atacassem Jerusalém. Enquanto eles cercavam a cidade, Ezequias foi para o templo orar e pedir ajuda ao profeta Isaías.

"Não tenha medo", respondeu Isaías. "Deus vai defender você".

Naquela noite, os soldados assírios, que estavam ao redor da cidade esperando para atacar, dormiram e nunca mais acordaram. Quando Senaqueribe acordou e viu aquilo, percebeu que estava diante de um poder muito maior do que ele. Aterrorizado, ele rapidamente voltou para casa.

Amós e Oseias

Amós 9:11 O Senhor diz: "Chegará o dia em que restaurarei o reino de Davi, que é como uma casa que caiu. Eu consertarei suas paredes e a reerguerei".

Amós era um criador de ovelhas que vivia no reino do sul de Judá, antes das invasões assírias. Deus lhe disse para ir a Israel, então ele pegou um pouco de lã para vender e viajou para o norte.

Quando chegou a Betel, Amós se manifestou no mercado e, como Deus lhe havia dito, gritou: "Você está enganando seus clientes! Você usa pesos falsos para que eles recebam menos do que pagam. Seus preços são muito altos e você vende para os pobres grão imundo – não o bom grão que você mostra. Se as pessoas não podem pagar, você tira as capas das suas costas. Deus não vai mais tolerar isso!".

Amós viu também uma mulher rica, usando roupas caras e perfume, andando entre as bancas do mercado. Ele continuou: "Vocês mulheres também são culpadas. Vocês encorajam seus maridos a trapacear para que vocês tenham dinheiro para gastar. Ouça vocês, povo de Israel! Deus diz: 'Sejam honesto e mostrem justiça e bondade uns para com os outros'".

Mas as pessoas não escutaram nada. Na verdade, um dos sacerdotes ameaçou Amós, dizendo: "Volte a Judá e faça sua pregação lá".

Amós deixou Israel, mas logo depois, Oseias, um profeta do reino do norte, trouxe a mesma mensagem.

Oseias era casado com uma jovem bonita chamada Gômer. Ele a amava, mas ela não queria ficar em casa e cuidar de seus filhos. Ela só pensava em sair e se divertir.

Um dia, Gômer saiu e nunca mais voltou. Oseias ficou de coração partido. Então Deus falou com ele. "Oseias, eu sei como você se sente. Eu amo o povo de Israel tanto quanto você ama Gômer, mas eles se afastaram de mim, assim como Gômer deixou você. Não deixe de amar Gômer, pois não vou deixar de amar a Israel. Encontre-a e a reconquiste.

Segundo o costume, pela infidelidade de Gômer, Oseias tinha o direito de se divorciar dela, mas ele fez o que Deus disse. Ele deixou alguém cuidando das crianças e foi procurar Gômer. Ela não estava se divertindo como esperava – um homem a havia comprado como escrava.

Oseias deu todo o seu dinheiro ao homem para comprar Gômer de volta. Tanto Gômer quanto Oseias aprenderam algo valioso com esta história. Oseias começou a pregar de maneira diferente. "Amigos", ele começou, "percebi que o amor de Deus é tão constante quanto o nosso. Como amo a minha esposa apesar do pecado dela, Deus ama o seu povo apesar do seu pecado".

Você sabia?

Samaria era a capital de Israel e Jerusalém era a capital de Judá.

Jonas e a Tempestade

Jonas 4:2 "Eu sei que o Senhor é um Deus amoroso e misericordioso, sempre paciente, sempre gentil e sempre pronto a mudar de ideia e não castigar".

Um dia, Deus disse a seu profeta Jonas que fosse à cidade de Nínive, capital da Assíria. Os assírios eram inimigos do povo de Deus. "Diga aos assírios que Nínive será destruída em quarenta dias, a menos que eles parem com seu comportamento perverso!".

"Eu não sou corajoso o suficiente", pensou Jonas. "Eu não irei – Deus irá perdoá-los de qualquer maneira!".

Jonas decidiu ir o mais longe possível de Nínive e de Deus, então partiu para um lugar chamado Jope e embarcou em um navio que ia para a Espanha.

Assim que o navio partiu, Deus mandou uma grande tempestade. As ondas batiam nos conveses e os marinheiros lutavam para o navio não afundar. O capitão foi até o porão e disse a Jonas: "Peça ao seu Deus para nos salvar!".

Os marinheiros de certo modo sabiam que a tempestade tinha a ver com Jonas. Eles se aproximaram dele, com raiva.

"Sim", disse Jonas. "Eu sou o responsável pela tempestade. Eu sou hebreu e fugi de Deus. Jogue-me ao mar e ele se acalmará".

O capitão se recusou, mas como a tempestade piorou, ele não teve escolha, e seus homens jogaram Jonas ao mar. O vento parou de repente e as águas ficaram mais calmas.

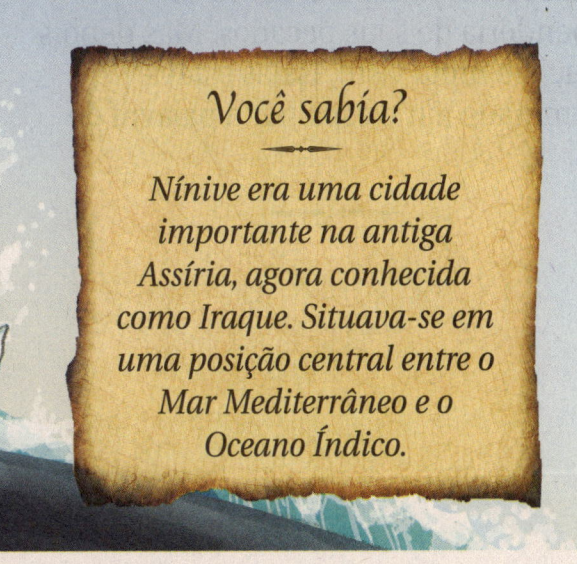

Jonas tinha certeza de que se afogaria e, quando afundou no oceano, pediu ajuda. Deus ouviu seus gritos e, no momento seguinte, Jonas foi engolido por um enorme peixe.

Durante três dias, Jonas ficou dentro daquela enorme criatura. E realmente estava muito arrependido por desobedecer a Deus e pediu desculpas em suas orações. Deus ouviu suas súplicas e fez o peixe nadar para perto da costa e libertar Jonas.

"Vá a Nínive", Deus instruiu Jonas pela segunda vez.

As pessoas de Nínive ouviram a mensagem de Jonas e imediatamente mudaram seus caminhos. Todos pediram perdão a Deus, então ele não destruiu sua cidade.

Jonas ficou zangado. "Eu disse que você os perdoaria", disse a Deus, e saiu de Nínive.

Jonas sentou-se ao calor intenso do sol, fora dos muros de Nínive. Deus fez uma videira crescer para protegê-lo. Então Deus fez a videira murchar e morrer. E o sol castigou Jonas mais uma vez.

"Sinto muito que a planta morreu. Fiquei contente quando ela surgiu", disse Jonas.

Deus respondeu: "Por que você se preocupa com uma videira que você nem plantou nem regou, enquanto se ressente do meu cuidado pela felicidade de uma cidade povoada por milhares de pessoas?".

Naquele momento, Jonas percebeu o verdadeiro significado das palavras de Deus.

Você sabia?

Nínive era uma cidade importante na antiga Assíria, agora conhecida como Iraque. Situava-se em uma posição central entre o Mar Mediterrâneo e o Oceano Índico.

Isaías Anuncia o Futuro

Isaías 6:2 Em volta dele estavam serafins. Cada um deles tinha seis asas.

Isaías foi um dos profetas de Deus. Através dele, Deus advertiu o povo de Judá sobre o que aconteceria se eles deixassem de obedecer a seus mandamentos. Ele também lhes falou da vinda do Messias que traria esperança e liberdade a todos na Terra.

Um dia, no templo de Jerusalém, Isaías teve uma visão. Ele viu Deus sentado em seu trono acima de todos. As vestes de Deus eram tão vastas que giravam em todos os cantos. Serafins estavam ao redor dele, protegendo seus rostos de seu brilho com suas asas de fogo. Repetidamente, eles cantaram: "Santo, santo, santo é o Senhor!"

O som das vozes dos serafins fez o templo tremer e a fumaça se espalhou.

Isaías ficou aterrorizado. Deus era tão grande que se sentiu envergonhado e gritou: "O que será de mim? Eu pertenço a uma nação perversa!".

Naquele momento, um dos serafins voou em direção a Isaías e tocou seus lábios com uma brasa viva, dizendo: "Agora sua culpa está retirada e você está perdoado".

Então Deus perguntou: "Quem será meu mensageiro?".

Isaías respondeu: "Aqui estou eu. Envia-me a mim!".

Então, Deus transmitiu sua mensagem a Isaías, mas avisou-o de que o povo de Judá não escutaria suas palavras ou se arrependeria de seus pecados. Mas depois do que ele tinha visto, Isaías estava determinado a ir e espalhar a palavra de Deus.

Você sabia?

Serafins são um tipo de anjo. Eles têm seis asas e estão cercados por chamas de fogo deslumbrantes.

Esdras Mostra o Caminho

Esdras 3:10 Quando os homens começaram a fazer os alicerces do templo, os sacerdotes, com suas vestes e trombetas, tomaram seus lugares.

Deus previu que o povo de Judá não ouviria a mensagem de Isaías – e ele estava certo. O problema começou quando o templo foi derrubado por seus inimigos, deixando Jerusalém em ruínas. Toda vez que as pessoas tentavam reconstruí-lo, seus inimigos o destruíam e gradualmente todos foram sendo forçados a se afastar.

Depois de muitos anos, determinado a tornar Jerusalém segura outra vez, algumas pessoas voltaram para reconstruir o Templo e as muralhas da cidade. Entre eles estava um sacerdote chamado Esdras. Assim que o templo estava reerguido, ele leu as leis sagradas de Deus para o povo de Judá que lá se reuniu.

"Louvado seja o Senhor, o grande Deus!", exclamou Esdras.

A multidão se levantou e gritou: "Amém!".

Esdras lembrou a todos de tudo que Deus havia feito por eles e a melhor forma de agradar a Deus era não adorarem falsos ídolos ou virarem as costas para ele. Logo eles começaram a chorar: "Nós não guardamos a lei de Deus corretamente".

Esdras os tranquilizou. "Deus quer que vocês sejam felizes! Vão para casa e façam um banquete. Compartilhem sua comida e vinho com quem não tenha o bastante", disse ele.

No dia seguinte, todos voltaram para ouvir Esdras falar sobre as leis de Deus. Todos agora entendiam que o Senhor só queria que eles fossem honestos e verdadeiros.

Jeremias e o Vaso de Barro

Jeremias 19:10 "Então o Senhor me disse para quebrar o vaso de barro na frente dos homens que tinham ido comigo".

Deus disse ao profeta Jeremias: "Vá à casa do oleiro. Lá eu lhe darei uma mensagem". Então Jeremias foi até o oleiro e viu como ele habilmente moldava a argila e girava o vaso na roda. Então o vaso se torceu e caiu. O oleiro parou a roda, tirou o barro e recomeçou o trabalho. "É importante fazer certo", disse ele.

"As pessoas são como barro", pensou Jeremias. "Se as coisas derem errado e elas se arrependerem, Deus melhorará suas vidas".

Em seguida, Jeremias comprou um vaso de barro e chamou os sacerdotes e líderes. Ele os levou para fora de Jerusalém, e carregou o vaso de água em sua cabeça. Uma multidão curiosa o seguiu – os homens nunca carregavam vasos de água! Quando eles chegaram ao vale onde as pessoas ofereciam sacrifícios a deuses estrangeiros, Jeremias jogou o vaso no chão.

"Escutem", ele disse, "Deus esperou muito tempo para que vocês voltassem para ele. Ele queria dar-lhes coisas boas, mas em vez de serem flexíveis como o barro, que o oleiro pode moldar, vocês se tornaram duros e insolentes. Se vocês não se voltarem para Deus, você serão destruídos tal qual este vaso!".

Então Jeremias pegou o caminho íngreme de volta a Jerusalém e pregou o mesmo sermão no templo.

Satanás Prova Jó

Jó 1:11 "Mas agora suponha que você tire tudo o que ele tem – ele o amaldiçoará na sua face!".

Jó era um homem extremamente rico. Ele possuía centenas de animais, tinha muitos filhos e todos gostavam dele. Jó adorava a Deus como nenhum outro. Mas Satanás, que odiava a Deus, disse: "Jó só adora você porque ele é rico. Se as coisas dessem errado, ele iria culpar você".

"Não é verdade", disse Deus. "Jó me ama. Prove ele. Tire tudo o que ele possui. Você verá!".

Logo depois, todos os animais de Jó foram roubados. Em seguida, uma tempestade matou seus filhos. Jó pensou: "Bem, Deus sabe o que faz".

"Jó passou no seu teste", Deus disse a Satanás.

"Só porque eu não toquei nele mesmo", respondeu Satanás.

"Então, deixe-o doente, mas não o mate", disse Deus.

E então, certo dia, Jó ficou coberto de feridas dolorosas.

"Deus fez isso com você!", reclamou a esposa de Jó.

"Cale-se!", disse Jó. "Você fica feliz quando Deus nos dá riquezas, devemos também aceitá-lo quando ele nos envia coisas ruins".

Os amigos de Jó ficaram chocados com sua aparência. "O que você fez?", perguntaram. "Deus deve estar castigando você".

"Eu não fiz nada de errado", protestou Jó. "Mas vocês estão certos. Por que Deus está sendo injusto comigo?".

Então Deus falou com Jó. Deus lembrou Jó que ele era tão mais poderoso quanto Jó conseguiria imaginar. Jó ficou envergonhado. Ele percebeu que não conseguiria entender tudo o que Deus fez. "Agora percebo que não sou tão importante", disse ele.

Então Deus abençoou Jó, restaurou sua riqueza e até lhe deu mais filhos.

Você sabia?

Satanás é o inimigo de Deus, aquele que o desafia. Também dizem que ele é um anjo que se rebelou contra Deus.

Daniel e seus Amigos

Daniel 1:15 Quando o tempo acabou, eles pareciam mais saudáveis e mais fortes do que todos aqueles que estavam comendo a comida real.

Durante a luta entre Jerusalém e Babilônia, muitos judeus foram levados cativos pelo rei da Babilônia, Nabucodonosor. Quando chegaram a Babilônia, Nabucodonosor ordenou que vários prisioneiros jovens e inteligentes o servissem em sua corte.

Um jovem bonito chamado Daniel e três de seus amigos, Sadraque, Mesaque e Abede-Nego, foram escolhidos. Os quatro homens foram inteligentes e rápidos para aprender, mas Daniel tinha um dom especial – ele sabia interpretar sonhos.

Embora Daniel e seus amigos tenham aprendido a língua babilônica e seu modo de vida, eles disseram a um oficial do rei: "Não podemos comer da sua comida. Nosso Deus nos deu regras sobre o que podemos e não podemos comer".

O oficial ficou alarmado. "Vocês deverão comer da nossa comida", disse ele. "Se vocês não crescerem e ficarem fracos, o rei me punirá".

"Dê-nos apenas legumes e água durante dez dias", disse Daniel "e veja como estaremos depois desses dias".

O oficial concordou, e depois de dez dias, os quatro homens pareciam mais saudáveis do que os outros que tinham se alimentado com a comida do rei.

"Tudo bem, vocês podem seguir sua dieta!", disse o oficial. Então Daniel e seus amigos permaneceram leais a Deus e ao seu próprio povo mesmo estando longe de casa.

A Fornalha Ardente

Daniel 3:28 "Louvai ao Deus de Sadraque, Mesaque e Abede-Nego! Ele enviou seu anjo e resgatou esses homens que servem e confiam nele".

Com o passar dos anos na Babilônia, Daniel tornou-se mais sábio, impressionando o rei Nabucodonosor. Nabucodonosor fez de Daniel seu principal conselheiro na Babilônia, e ele também deu importantes trabalhos para os amigos de Daniel, Sadraque, Mesaque e Abede-Nego.

Tempos depois, Nabucodonosor ordenou que fosse construída uma enorme imagem de ouro, quinze vezes mais alta que um homem, e que todos deviam adorá-la. Ele convidou a todos para a cerimônia de dedicação.

As pessoas vieram de toda a Babilônia para ver aquela imagem maravilhosa. Então um oficial anunciou: "Quando os músicos tocarem, se curvem e adorem a estátua!" Todos obedeceram – todos, exceto Sadraque, Mesaque e Abede-Nego.

"Como vocês se atrevem!", enfureceu-se o rei. "Façam o que eu digo ou vou jogá-los em uma fornalha em chamas!".

"Não adoraremos a sua imagem", disseram eles: "Nosso Deus pode nos salvar do fogo, mas, caso ele não queira fazer isso, mesmo assim seremos fiéis a ele".

Nabucodonosor mandou aquecer a fornalha sete vezes mais do que o habitual, e os homens foram jogados nas chamas.

De repente, Nabucodonosor pareceu horrorizado. Ele podia ver quatro homens na fornalha, e não somente Sadraque, Mesaque e Abede-Nego. Quando saíram, suas peles, roupas e cabelos estavam intocados. A quarta pessoa – um anjo – desapareceu.

"Deus enviou o seu anjo para salvar vocês!", gritou Nabucodonosor: "De agora em diante, meu povo apenas adorará o seu Deus!".

A Escrita na Parede

Daniel 5:5 De repente, uma mão humana apareceu e começou a escrever na parede de gesso do palácio, onde a luz das lâmpadas brilhava mais intensamente. E o rei observou a mão enquanto ela escrevia.

Os anos se passaram e o rei Nabucodonosor morreu. O novo rei da Babilônia, Belsazar, deu uma grande festa. Ele ordenou que todos bebessem nas taças de ouro e prata tiradas do Templo em Jerusalém, em honra aos seus deuses e deusas.

Embora eles se preocupassem em usar cálices sagrados para esse propósito, seus servos trouxeram os tesouros sagrados do Templo para o banquete e encheram as taças preciosas de vinho. Os convidados riram e beberam, brindando alto aos seus deuses.

De repente, o rei Belsazar ficou pálido. Ele estava tão assustado que seus joelhos começaram a tremer. Ele apontou seu dedo trêmulo para a parede branca atrás deles, onde uma luz de vela brilhava cintilante. "Olhem!, ele sussurrou.

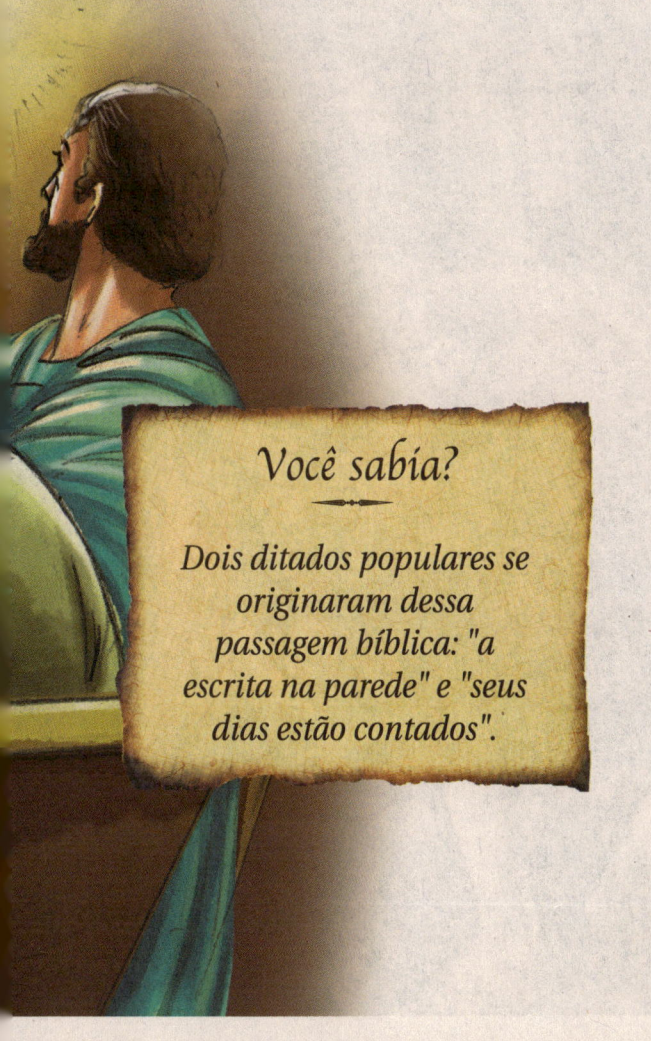

O riso e a conversaram pararam. Ali, na parede, uma mão flutuante estava escrevendo. Quando terminou de escrever, a mão desapareceu, deixando inscritas as palavras MENE, MENE, TEQUEL, PARSIM.

"O que essas palavras significam?" Belsazar perguntou, ansioso. Mas ninguém sabia o que elas queriam dizer. "Qualquer um que ler as palavras e explicar o que elas significam será recompensado com riquezas jamais sonhadas", prometeu o rei aterrorizado. Mas ainda assim, ninguém era capaz de interpretar as palavras misteriosas.

Então a mãe de Belsazar chegou à sala do banquete e disse: "Chame Daniel. O espírito de Deus é com ele e ele saberá o que isso significa".

Então Daniel foi chamado, e ele olhou atentamente para a escrita. Então ele disse: "Eu não quero suas recompensas, mas vou explicar o que as palavras significam. Deus enviou uma mensagem. Você não aprendeu, com o seu antecessor, o rei Nabucodonosor, nada sobre o poder do Senhor. Em vez disso, você usou as taças sagradas do templo para usar na sua festa e se embriagar".

"MENE ou 'número' – significa que os dias do seu reinado estão contados. TEQUEL significa 'peso' – você foi pesado na balança da moral e considerado injusto. PARSIM significa 'divisão' – seu reino será dividido entre os medos e os persas".

Não havia mais nada que Belsazar pudesse fazer. Naquela mesma noite, soldados inimigos invadiram as muralhas da cidade. Eles mataram Belsazar e colocaram em seu lugar no trono Dario, o medo.

Você sabia?

Dois ditados populares se originaram dessa passagem bíblica: "a escrita na parede" e "seus dias estão contados".

Daniel na Cova dos Leões

Daniel 6:16 Então o rei ordenou que Daniel fosse preso e jogado na cova dos leões. Ele disse a Daniel: "Que o seu Deus, a quem você serve tão lealmente, o salve".

O novo rei, Dario, ficou tão impressionado com a sabedoria de Daniel que o colocou no comando de todos os seus conselheiros. Daniel, agora um homem mais velho, de uma hora para outra se tornou o segundo homem mais poderoso do reino. Isso fez com que os outros oficiais ficassem com inveja de Daniel, então eles conspiraram para causar sua queda. E elaboraram um plano para matá-lo.

"Por favor, assine este decreto", disseram eles a Dario. O decreto dizia que, durante o período de um mês, estava proibido prestar culto a outros deuses a não ser ao próprio rei Dario. Qualquer um que desobedecesse ao

Você sabia?

Os medos eram um povo antigo que vivia na região que hoje corresponde ao noroeste do Irã.

decreto do rei seria jogado na cova dos leões. E o rei Dario assinou.

Daniel ouviu falar da lei, mas continuou a louvar a Deus três vezes por dia, como sempre havia feito, diante de sua janela, que apontava na direção de Jerusalém. Os inimigos de Daniel ficaram radiantes ao observarem da rua que Daniel não estava cumprindo o decreto real. O plano deles havia funcionado. Triunfantes, eles correram para contar ao rei.

O que Dario poderia fazer? Ele havia assinado o decreto, então, apesar de ter muita consideração por Daniel, não conseguiu encontrar uma maneira de salvá-lo. Com o coração aflito, Dario deu ordem para que Daniel fosse jogado na cova dos leões. Assim que ele entrou, a porta foi selada com pedra. Não havia mais saída.

"Só o seu Deus poderá salvar você agora", disse o rei cheio de tristeza, enquanto imaginava os leões famintos devorando seu conselheiro mais confiável.

Naquela noite, o rei não comeu nem dormiu, pois seus pensamentos estavam voltados para Daniel. Assim que o dia amanheceu, ele correu até a cova dos leões.

"Daniel!", ele chamou. "O seu Deus te salvou?".

Dario não esperava encontrar Daniel vivo, então ficou surpreso ao ouvir a voz de Daniel: "O Senhor enviou seu anjo para ficar ao meu lado, e os leões me deixaram em paz. Ele fez isso porque eu sou inocente e não agi contra sua Majestade".

O rei ficou muito feliz e deu ordens para que Daniel fosse libertado. Daniel saiu da cova dos leões sem qualquer arranhão.

"Agora, todos no meu vasto império servirão ao Deus de Daniel, que faz coisas maravilhosas!", ordenou Dario. Daniel permaneceu fiel a Deus pelo resto de sua vida.

Ezequiel, o Profeta

Ezequiel 1:28 Ele resplandeceu por toda parte com uma luz brilhante que tinha em si todas as cores do arco-íris. Esta era a luz deslumbrante que mostrava a presença do Senhor.

Ezequiel foi um dos jovens que Nabucodonosor trouxe de Jerusalém para servi-lo na Babilônia.

Uma noite, olhando pela janela do palácio, Ezequiel viu quatro criaturas brilhantes e aladas no céu que puxavam um Espírito deslumbrante em uma carruagem de ouro e cristal. Ezequiel imaginou que ele estava na presença de Deus.

"Ezequiel", disse Deus. "Mostre a meu povo, na Babilônia, que mais tribulações estão a caminho de Jerusalém".

Porque Deus o havia impedido de falar, Ezequiel esculpiu em um tijolo a gravura de Jerusalém cercada por um exército. Uma multidão que o observava entendeu a mensagem de Ezequiel. No dia seguinte, ele fez um pequeno pão e despejou duas xícaras de água. A multidão adivinhou que ele estava mostrando a eles que o povo de Jerusalém logo estaria passando fome.

No dia seguinte, Ezequiel cortou o cabelo e a barba. Ele dividiu o cabelo em três pilhas, jogando uma parte no fogo, cortou a outra em pedaços e espalhou a terceira ao vento. Então ele cuidadosamente guardou algumas mechas de cabelos em seu manto. Os espectadores imaginaram que Ezequiel estava mostrando o que aconteceria com o povo de Jerusalém. Alguns morreriam em um cerco, outros seriam mortos no fio da espada, e o resto se espalharia para terras distantes. Deus cuidaria de poucos e lhes daria um novo começo.

Neemias e o Muro de Jerusalém

Neemias 2:5 "Se Vossa Majestade está satisfeito comigo e se dispõe a conceder meu pedido, deixe-me ir para a terra de Judá, para a cidade onde meus antepassados estão enterrados, para que eu possa reconstruir a cidade".

Neemias era um dos muitos judeus que viviam na Babilônia. Ele era o copeiro do rei. Um dia, o irmão de Neemias visitou Jerusalém. "A situação é terrível", disse ele a Neemias, com tristeza. "Jerusalém ainda está em ruínas".

Mais tarde, quando Neemias foi provar o vinho do rei, o rei disse. "Você parece triste, o que está acontecendo?" Os servos não deveriam demonstrar seus sentimentos, mas Neemias respondeu corajosamente: "Jerusalém ainda está em ruínas".

"Há alguma coisa que eu possa fazer?", perguntou o rei.

Neemias orou a Deus silenciosamente antes de responder. "Eu quero voltar a Jerusalém para reconstruir a minha cidade", disse ele.

"Você pode ir", disse o rei.

Neemias viajou para Jerusalém e examinou o entorno da cidade. Em alguns lugares, as muralhas estavam reduzidas a escombros. No dia seguinte, ele disse a todos que Deus os ajudaria a reconstruir os muros, e todos começaram a trabalhar. Mas os samaritanos – inimigos dos judeus – olharam para eles e zombaram: "Esses judeus são patéticos; até uma raposa poderia derrubar essas muralhas!".

Então Neemias dividiu os homens em dois grupos. Um grupo continuou na construção, enquanto o outro grupo fazia a guarda. Mesmo aqueles que estavam na construção possuíam armas, e um homem com um clarim foi colocado de sentinela. Se eles avistassem o inimigo, eles dariam o sinal de alerta.

As pessoas estavam preocupadas. "Deus está conosco", Neemias os lembrou. "Não seremos derrotados agora".

Rainha Ester

Ester 2:17 O rei gostou mais dela do que de qualquer uma das outras jovens, e mais do que qualquer uma das outras, ela ganhou seu favor e carinho.

Xerxes era o rei do grande Império Persa, que havia conquistado a Babilônia. Ele tinha muitas esposas, mas queria uma nova rainha, então ordenou que as moças mais bonitas do reino fossem ao seu palácio.

Ester era uma linda jovem judia que, ao ficar órfã, foi criada por seu primo Mardoqueu. Mardoqueu enviou Ester ao palácio persa, dizendo: "Não diga a ninguém que você é judia".

No momento em que o rei pôs os olhos em Ester, ele se apaixonou por ela. "Você será minha rainha!", ele exclamou, colocando uma coroa de ouro em sua cabeça. O rei realizou uma grande festa em honra a Ester, e foi decretado feriado para que todos pudesse celebrar o casamento do rei.

Algum tempo depois, Mardoqueu ouviu dois homens conspirando para matar o rei. Ele disse a Ester, que imediatamente contou a Xerxes, e o plano foi frustrado.

Xerxes então escolheu um novo primeiro-ministro. Todos se curvaram educadamente quando Hamã passou, mas Mardoqueu se recusou a fazer isso.

"Por que você não se curva a Hamã?", os outros perguntaram a ele.

"Eu sou judeu", disse ele. "Eu só me curvo ao Senhor, meu Deus".

Hamã ficou furioso e prometeu punir todo o povo judeu. Ele disse ao rei que algumas pessoas estavam perturbando o reino e deveriam ser mortas. Ele ordenou que no décimo terceiro dia do décimo segundo mês todo judeu fosse assassinado.

Você sabia?

Por causa da Rainha Ester, os judeus persas são às vezes chamados de "Os filhos de Ester".

Ester Salva os Judeus

Ester 7:3-4 "Se agrada a Sua Majestade conceder meu humilde pedido, meu desejo é que poupe a minha vida e a vida do meu povo. Meu povo e eu fomos vendidos para a destruição".

Depois da ordem para matar os judeus, Mardoqueu foi falar com Ester. "Suplique ao seu marido sobre essa ordem", ele implorou. Entāo, por causa de seu povo, Ester foi ver Xerxes.

"O que você quer?", ele perguntou.

"Você e Hamã poderiam jantar comigo amanhã?", perguntou Ester.

Naquela noite, Xerxes não conseguiu dormir, então, para passar o tempo, ele leu o livro das crônicas do seu reinado. Quando ele chegou à parte em que Mardoqueu descobre a trama para matá-lo, ele se lembrou de que nunca havia recompensado Mardoqueu por aquilo. No dia seguinte, ele perguntou a Hamã: "Como devo recompensar um homem a quem eu gostaria de honrar?".

Hamã, acreditando que Xerxes se referia a ele, disse: "Vista-o com trajes reais, dê-lhe uma coroa e proclame-o herói".

"Sim, é assim que recompensarei Mardoqueu!", disse Xerxes, para consternação de Hamã.

Mais tarde, Xerxes e Hamã jantaram com Ester como ela havia pedido.

Então, Ester contou a Xerxes que ela era judia e implorou: "Por favor, salve a mim e ao meu povo – estamos todos prestes a ser mortos".

"Quem se atreveria a matar você?", demandou Xerxes.

Ester apontou para Hamã.

"Ele", disse ela. "Ele já construiu a forca para pendurar Mardoqueu".

"Então Hamã será enforcado nela!", disse o rei. "Mardoqueu será meu novo primeiro-ministro".

Introdução ao Novo Testamento

O Novo Testamento é uma coleção de textos e livros que compõem a segunda parte da Bíblia. Os livros do Novo Testamento trazem os ensinamentos de Jesus e os ensinamentos da igreja primitiva sobre ele. Jesus ensinou às pessoas como elas deveriam amar a Deus e como elas deveriam tratar umas às outras. Ele também ensinou que ele era o Messias que havia sido anunciado pelos profetas judeus cujos escritos se encontram no Antigo Testamento. Os livros do Novo Testamento nos ensinam que Jesus é o Filho de Deus, e que ele morreu e ressuscitou para mostrar o amor de Deus pelos homens, além de fornecer um caminho para que nossos pecados sejam perdoados.

O Novo Testamento é composto por 27 livros, escritos em grego, por pessoas diferentes, em diferentes épocas, depois da vinda de Jesus – provavelmente entre os anos de 50 d.C. e 100 d.C. Basicamente, há quatro divisões: os Evangelhos, os Atos dos Apóstolos, as Epístolas e o Apocalipse.

Os quatro Evangelhos – escritos por Mateus, Marcos, Lucas e João – contam a história do nascimento, vida, ensinamento, morte e ressurreição de Jesus.

Os Evangelhos são seguidos pelos Atos, também escritos por Lucas. Atos é uma continuação do Evangelho de Lucas, no qual ele conta como a igreja primitiva foi formada e se espalhou, especialmente através da obra missionária do apóstolo Paulo.

Em seguida, vêm as cartas, muitas vezes referidas como "epístolas". Algumas delas foram escritas por Paulo, outras por outros líderes da igreja primitiva, como Pedro, Tiago e João. Algumas foram escritas para determinadas pessoas, outras foram escritas para igrejas em especial, além de algumas terem sido direcionadas para a igreja cristã como um todo.

O último livro da Bíblia é conhecido como Revelação de João ou Apocalipse. Este João provavelmente não era o mesmo João que escreveu o Evangelho ou as epístolas. Neste livro, João descreve uma série de visões que ele teve sobre como Deus derrotará o mal de uma vez por todas, julgará a todos de acordo com o que fizeram e realizaram durante suas vidas, e estabelecerá um novo Céu e uma nova terra.

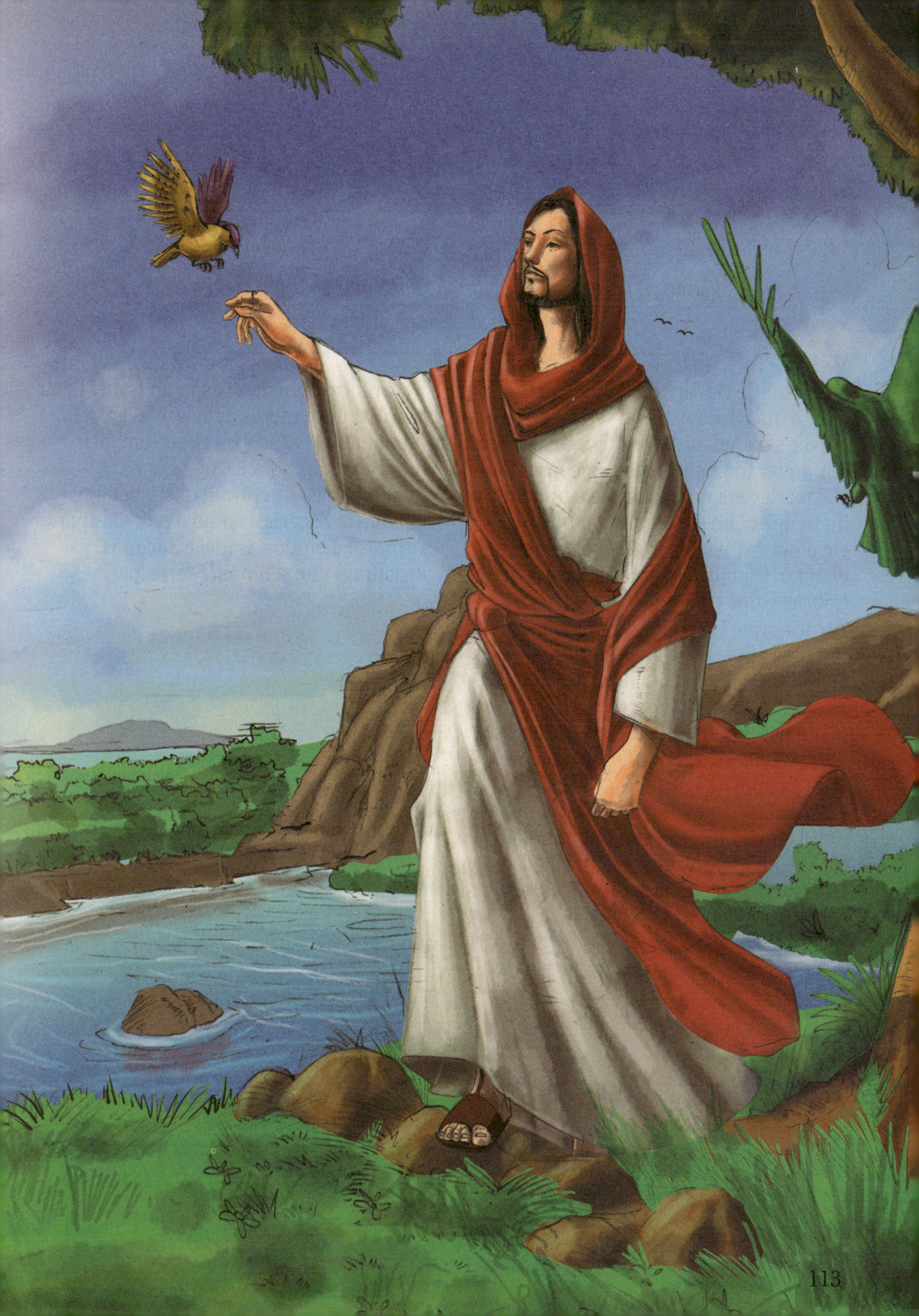

Uma Mensagem de Deus

Lucas 1:11-12 Um anjo do Senhor apareceu na frente de Zacarias, de pé, ao lado direito do altar. Quando Zacarias o viu, ficou com medo e não sabia o que fazer.

Zacarias e Isabel eram um casal de idosos que viveu na época em que Herodes era o rei da Judeia. Por muitos anos, Isabel tentou ter um bebê, mas não conseguiu.

Zacarias era um sacerdote e trabalhava no templo. Um dia, enquanto trabalhava, ele olhou para cima e viu um anjo ao lado do altar. O anjo disse que seu nome era Gabriel e que ele tinha vindo dizer a Zacarias que sua esposa iria finalmente ter um bebê. Esse bebê ia ser muito especial. Seu nome seria João, e ele ajudaria as pessoas que estivessem vivendo por meio de maus caminhos. Elas repensariam suas atitudes e se arrependiriam em preparação para a vinda de Jesus.

Zacarias ficou muito surpreso e disse ao anjo Gabriel que não acreditava no que ele havia dito. Como punição por sua falta de fé, Gabriel disse a Zacarias que ele não seria capaz de falar até que o bebê nascesse.

Conforme era de se esperar, Isabel ficou grávida; nove meses depois, ela deu à luz um menino. E Zacarias ficou sem falar durante todos aqueles meses.

As pessoas esperavam que o bebê se chamasse Zacarias, como o pai, mas para surpresa de todos, Isabel e Zacarias insistiram que seu nome seria João.

Você sabia?

Ao chamar o bebê de João, Zacarias e Isabel contrariaram a tradição de dar o nome do pai ao primeiro filho.

Um Anjo do Céu

Lucas 1:45 Você é abençoada, pois acredita que vai acontecer o que o Senhor lhe disse.

Quando Isabel estava grávida de seis meses, Deus enviou o anjo Gabriel a Nazaré, na Galileia. Ele foi dizer à jovem Maria, parente de Isabel, que ela também daria à luz um menino. Maria ficou espantada e um pouco receosa porque ela e José ainda não eram casados.

Gabriel tranquilizou Maria, dizendo a ela para não ter medo. Ele disse que seu bebê se chamaria Jesus e que ele seria o filho de Deus. Maria ainda estava insegura, mas Gabriel disse a ela que o Espírito Santo a vigiaria e a manteria a salvo. O anjo Gabriel lembrou a Maria que sua prima Isabel, que já tinha idade um pouco avançada para ter um bebê, estava agora com quase seis meses de gravidez. Ele disse a Maria que para Deus nada é impossível.

Maria decidiu ir à Judeia visitar Isabel. Quando Maria chegou, Isabel ficou cheia do Espírito Santo e seu bebê pulou de alegria em seu ventre. Ela ficou emocionada e disse a Maria que ela tinha sido abençoada. Maria não entendia porque Deus a tinha escolhido para ser a mãe de seu filho, mas Isabel disse a ela que Deus a havia abençoado porque ela tinha fé.

Nasce o Salvador

Lucas 2:7 Então Maria deu à luz o seu primeiro filho. Enrolou o menino em alguns panos e o deitou em uma manjedoura, pois não havia lugar para eles na hospedaria.

Maria e José moravam em Nazaré, na Galileia, onde José trabalhava como carpinteiro. Um dia, o imperador decidiu que faria um censo. Ele queria uma lista de todas as pessoas que viviam no país, assim ele poderia cobrar impostos. Augusto ordenou que todos se registrassem em sua cidade natal.

A família de José era de Belém, então ele foi até lá com Maria para se alistar.

A viagem foi longa e difícil, especialmente para Maria, que estava grávida, já no fim da gestação. Então Maria montou no animal que levavam consigo, enquanto José caminhava ao lado dela.

Quando Maria e José finalmente chegaram a Belém, a cidade estava lotada. Por causa disso, depois de bater de porta em porta, José não encontrou qualquer hospedaria que pudesse abriga-los naquela noite.

Por fim, o dono de uma hospedaria sentiu pena do casal. Ele viu que Maria estava grávida, então disse a eles que poderiam passar a noite no estábulo, com os animais. Agradecendo ao homem, José levou Maria e o jumento ao estábulo. Mas eles mal haviam se acomodado, e Maria percebeu que era hora de o bebê nascer.

Quando o bebê Jesus nasceu, não havia berço para ele. Então, Maria envolveu a criança em alguns panos e o deitou em uma manjedoura. Enquanto Jesus dormia, ovelhas, vacas e cabras observavam curiosos por trás de um monte de feno.

Não muito longe dali, alguns pastores cuidavam de suas ovelhas nos campos. De repente, um anjo apareceu diante deles em um clarão de luz. O anjo disse aos pastores que não tivessem medo, pois ele trazia boas-novas. Então disse a eles que seu Salvador havia nascido e que eles poderiam ir e ver com seus próprios olhos.

E enquanto os pastores ouviam aquelas palavras, houve outro clarão e o céu se encheu de anjos que entoavam canções de louvor a Deus. Quando os anjos partiram, os pastores decidiram que era hora de ir e ver o bebê.

Os pastores se apressaram até o estábulo e contaram a Maria e a José o que o anjo dissera sobre Jesus, o Salvador.

Você sabia?

Uma manjedoura é um recipiente longo e estreito no qual os fazendeiros colocam comida para suas vacas e cavalos.

Os Três Reis Magos

Mateus 2:2 "Onde está o menino que nasceu para ser o rei dos judeus? Vimos a sua estrela no oriente e viemos adorá-lo".

Naquela época, Herodes era o rei da Judeia. Depois do nascimento de Jesus, alguns sábios que estudavam as estrelas notaram uma nova estrela no oriente. Eles acreditavam que aquela estrela sinalizava o nascimento do rei anunciado pelos profetas, e que eles deveriam segui-lo e adorá-lo.

Depois de carregar seus camelos, os magos partiram. Mas a caminho de Belém, eles perderam a estrela de vista e pararam em Jerusalém para perguntar se alguém sabia onde poderiam encontrar o novo rei dos judeus, porque queriam ir adorá-lo. Quando o rei Herodes soube disso, ficou furioso. Os romanos haviam feito de Herodes o rei dos judeus, e ele não queria um rival em sua terra! Herodes mandou chamar os sacerdotes e mestres da lei de Deus e perguntou a eles: "Quando o Salvador vier, onde ele nascerá?".

Ao descobrir que o bebê nasceria em Belém, Herodes elaborou um plano. Ele perguntou aos sábios quando a estrela tinha aparecido.

"Vão e procurem a criança em Belém", Herodes disse aos magos. "Quando vocês o encontrarem, me avisem, para que eu possa adorá-lo também".

Acreditando no que o rei Herodes havia dito, os sábios partiram em busca da criança.

À noite, ao observarem o céu, eles viram a estrela se movendo lentamente, e sabiam que ela os levaria ao menino Jesus. Por fim, a estrela parou no lugar onde Jesus dormia.

Quando os sábios viram o bebê Jesus nos braços de Maria, eles caíram de joelhos e começaram a adorá-lo. Então eles abriram suas bagagens e tiraram alguns tesouros para oferecer ao novo rei. Os sábios traziam presentes dignos de um rei – ouro, incenso e mirra.

Naquela noite, enquanto os magos dormiam, um anjo de Deus veio até eles e disse que Herodes havia elaborado um plano maligno. O anjo avisou que eles não deveriam contar onde estava o bebê Jesus. Bem cedo, na manhã seguinte, os magos partiram para casa, mas, em vez de voltarem a Jerusalém, seguiram o conselho do anjo e fizeram um caminho diferente.

Você sabia?

A Bíblia não diz que havia três homens sábios, ela apenas cita "homens sábios". Assume-se que havia três porque eles deram três presentes: ouro, incenso e mirra.

Ordem de Herodes

Mateus 2:14 Durante a noite, José tomou o menino e sua mãe e fugiu para o Egito.

Não muito tempo depois que os magos voltaram para casa, o anjo do Senhor apareceu em sonho a José. Ele disse a José para ir com Maria e Jesus para longe de Belém, para o Egito.

"O rei Herodes planeja matar seu bebê, então saia rapidamente de Belém", disse o anjo a José. "Fique no Egito até que eu diga quando você deverá retornar a Israel".

Enquanto isso, Herodes ficou furioso quando percebeu que os sábios o haviam enganado e que eles não tinham intenção de voltar. Homem cruel e malvado, Herodes sempre teve medo de que algum dos seus muitos inimigos o mataria e tomaria seu trono. Então, para garantir que este novo rei não crescesse, ele ordenou que seus soldados fossem a Belém e matassem todos os bebês com menos de dois anos de idade.

Os soldados fizeram o que Herodes ordenou, e arrancaram os meninos dos braços de suas mães e os mataram, só porque Herodes estava com medo de perder seu reino. Felizmente, Herodes não sabia que Jesus já havia sido levado para longe de Belém, onde agora estava a salvo.

O povo de Belém nunca esqueceria aquele terrível dia, e passaram a odiar Herodes mais do que nunca.

Não muito depois deste acontecimento cruel, o rei Herodes morreu. Como antes, o anjo do Senhor veio a José e disse que agora era seguro voltar com Maria e Jesus para Belém. Mas quando chegaram a Israel, José ficou preocupado ao saber que o filho de Herodes, Arquelau, era o rei. Em vez de voltar para Belém, José levou sua família de volta a Nazaré, onde ele e Maria viveram, e onde ele achava que Jesus não correria perigo.

Os anos se passaram e Jesus cresceu. Em Nazaré, todos os que o conheciam o amavam. É por isso que Jesus é também chamado de Jesus de Nazaré.

Você sabia?

Herodes teve dez esposas. Constantemente, suas famílias disputavam entre si a obtenção do poder.

João Batiza Jesus

Mateus 3:16 Assim que Jesus foi batizado, ele saiu da água. Então o céu se abriu, e ele viu o Espírito de Deus descendo como pomba e pousando sobre ele.

João Batista, agora já um adulto, ficava muito infeliz ao ver a maneira como o povo estava vivendo, pois as pessoas não seguiam mais as leis de Deus. Elas eram muitas vezes indelicadas umas com as outras e se comportavam de maneira pecaminosa. Decidido que era hora de mudar as coisas, João foi até as margens do rio Jordão, pois sabia que aquele era um lugar onde as pessoas se reuniam para contar histórias e conversar enquanto lavavam roupas e coletavam água.

João começou a pregar para as pessoas que se reuniam às margens do rio. Ele falava sobre como elas deveriam viver, de acordo com as leis de Deus. Ele lhes dizia que tinham que confessar seus pecados e se tornar boas pessoas.

"Logo, Deus virá para julgar todos vocês, e se não pedirem perdão pelos seus maus caminhos e se batizar no rio Jordão, vocês não entrarão no céu", pregava João.

Um dia, enquanto João estava no rio Jordão, Jesus veio da Galileia e pediu a João para batizá-lo no rio.

"Por que você vem a mim?", João perguntou a Jesus. "Você é quem deveria me batizar".

João achava que ele não era digno o suficiente para aceitar essa incrível honra, mas Jesus insistiu.

"É assim que deve ser", disse ele a João. "Eu devo mostrar que eu sigo a Deus em tudo que faço e devo dar o exemplo para as pessoas e encorajá-las a confessar seus pecados e serem batizadas também".

Então João levou Jesus ao rio e derramou água sobre sua cabeça. Quando a cabeça de Jesus ergueu-se da água, raios dourados de luz de repente brilharam do céu. Uma pomba branca subiu e voou pelo ar e pousou sobre a cabeça de Jesus. A pomba era o Espírito de Deus, e Deus disse a Jesus: "Você é o meu filho, aquele a quem amo, e estou muito satisfeito com o que você fez".

Você sabia?

As pessoas são batizadas quando aceitam a Jesus como seu único Senhor e Salvador.

Jesus Encontra Satanás

Lucas 4:12 Respondeu-lhe Jesus: "As Escrituras dizem: 'não ponha à prova o Senhor, o seu Deus'".

Depois de ser batizado por João, Jesus foi para o deserto. Durante quarenta dias e quarenta noites, Jesus nada comeu, somente orou a Deus.

No final desse período, com o corpo tomado de fome, Jesus ouviu uma voz traiçoeira sussurrar: "Se você é realmente o Filho de Deus, então transforme essa pedra em um pedaço de pão".

"Não!", disse Jesus, sabendo que aquela voz pertencia ao inimigo de Deus, Satanás, o Diabo, que estava tentando-o a usar seus grandes poderes para si mesmo.

Como Jesus não cedeu, Satanás mostrou a ele todos os grandes reinos do mundo, os imperadores e os exércitos mais poderosos. "Tudo isso pode ser seu, se você se curvar diante de mim", disse ele. Mais uma vez, Jesus se afastou de Satanás.

Mas Satanás tinha mais um truque. Ele voltou quando Jesus ainda estava sozinho, com fome e exausto no deserto. Desta vez, o Diabo levou Jesus até a parte mais alta do templo em Jerusalém e disse: "Vá e jogue-se no chão. Se você realmente é o Filho de Deus, então ele enviará seus anjos para salvá-lo". Mais uma vez, Jesus recusou-se a obedecer Satanás.

Por fim, Satanás se cansou de colocar Jesus à prova e foi embora.

As Bodas de Caná

João 2:3 Quando o vinho acabou, a mãe de Jesus disse-lhe: "Eles não têm mais vinho".

Um dia, Jesus, sua mãe Maria e alguns de seus discípulos foram convidados para um casamento em Caná, perto de Nazaré. Todo mundo estava se divertindo muito, cantando e dançando. Mas então Maria notou que o vinho estava quase acabando.

Maria foi até Jesus e explicou o problema. "Se os convidados forem forçados a beber água, isso trará desgraça ao pai do noivo", disse ela.

Jesus disse que não havia nada que ele pudesse fazer, mas Maria ignorou suas palavras e disse aos servos que fizessem o que Jesus lhes mandasse fazer.

Pouco depois, Jesus disse aos servos para encher com água seis potes de pedra. Os serviçais sentiram que Jesus estava prestes a fazer algo especial, então rapidamente fizeram o que ele havia dito.

"Agora, levem um pouco ao encarregado da festa", disse Jesus.

Os servos, intrigados, observavam enquanto o encarregado da festa provava da água que havia sido transformada em vinho. "Este é o melhor vinho que eu já provei!", anunciou.

O noivo estava tão confuso quanto os criados. De onde tinha vindo aquele vinho?

Este foi o primeiro milagre que Jesus realizou.

Jesus Encontra os Pescadores

Lucas 5:10 Jesus disse a Simão: "Não tenha medo. De agora em diante, você será pescador de homens".

Jesus caminhava às margens do lago da Galileia quando decidiu parar e falar às pessoas que lá estavam sobre a palavra de Deus. Mais e mais pessoas se juntavam e se empurravam na multidão para ouvir o que Jesus tinha a dizer. Enquanto Jesus pregava, ele viu dois barcos à beira da praia. Os pescadores estavam ocupados lavando suas redes. Jesus se aproximou e perguntou ao pescador chamado Simão – que ficou conhecido como Pedro –, se podia subir no barco. Simão consentiu, e Jesus continuou seu sermão do barco.

Um pouco mais tarde, Jesus disse a Simão que levasse o barco para águas mais profundas e lá jogasse sua rede. Simão e seus amigos já haviam tentado pescar ali, mas não tinham conseguido nada. Porém, como ele tinha fé, fez como Jesus pediu.

Simão e seus amigos, André, Tiago e João, ficaram surpresos ao ver a quantidade de peixes que estava na rede. O barco quase afundou com tanto peso!

Depois de encher dois barcos com a pescaria, Jesus disse aos quatro pescadores que deixassem suas redes e o seguissem. Eles agora seriam pescadores de homens em vez de peixes. Com isso, Jesus quis dizer que eles pregariam às pessoas, fazendo com que elas seguissem os caminhos de Deus.

Jesus Cura a Enferma

Marcos 1:31 Ele veio, tomou-a pela mão e ajudou-a a levantar-se. A febre a deixou e a mulher preparou uma refeição para eles.

Simão tornou-se um dos amigos mais próximos de Jesus. Uma noite, quando Jesus visitou sua casa, ele foi informado de que a sogra de Simão estava muito doente. Ela estava deitada na cama, mal conseguia respirar e sentia muita dor.

Jesus então pegou a mão dela e ordenou que a febre deixasse seu corpo. A sogra de Simão começou a se sentir melhor e se levantou da cama. Ela tinha sido curada!

A sogra de Simão desceu as escadas e preparou uma refeição para todos. Toda a família ficou surpresa ao vê-la tão bem, pois momentos antes ela estava à beira da morte. Ela conversou e riu, como se nunca tivesse ficado doente.

Logo a notícia se espalhou, e as pessoas começaram a levar seus amigos e parentes doentes até Jesus. Jesus curou todas as doenças e enfermidades e até expulsou os demônios que afligiam aquelas pessoas.

Jesus Cura o Leproso

Marcos 1:41 Jesus, cheio de compaixão, estendeu a mão e tocou-o. "Eu quero ajudá-lo", ele respondeu. "Seja curado!"

Jesus e seus discípulos estavam viajando pela Galileia, ensinando as pessoas sobre como deveriam seguir as leis de Deus e adorá-lo. Em uma das cidades que visitaram, um homem com lepra, uma terrível doença de pele, aproximou-se de Jesus e implorou para ser curado. A lepra era uma maldição realmente horrível, e as pessoas correram quando viram o homem. "Ele é impuro!", exclamaram.

Sentindo pena do homem, que tinha feridas purulentas por todo o corpo, Jesus quis ajudá-lo. Ele estendeu e colocou a mão sobre o homem doente. "Seja curado", disse ele.

O homem olhou para o seu corpo, que antes era desfigurado, e viu que ele havia sido curado. Suas mãos e pés não estavam mais deformados. As feridas que cobriam sua pele também haviam desaparecido. Ele tinha sido mesmo curado!

Contra vontade de Jesus, o leproso contou a todos como Jesus o havia curado. Logo, toda a Galileia sabia do milagre que Jesus havia realizado e pessoas doentes corriam até ele onde quer que ele fosse.

O Paralítico Anda

Mateus 9:6 "Levante-se, pegue a sua maca e vá para casa".

Os ensinamentos de Jesus se espalhavam por toda parte. Ele estava pregando em Cafarnaum, uma cidade perto do mar da Galileia, quando centenas de outros homens, mulheres e crianças lotaram as ruas para ouvi-lo.

Jesus estava em uma casa quando quatro homens chegaram carregando uma maca com um paralítico. Eles queriam que Jesus ajudasse o amigo deles, mas como havia muitas outras pessoas, eles não podiam entrar.

Então os homens tiveram uma ideia. Eles içaram o amigo pelo telhado. Abriram um buraco bem na altura do lugar onde Jesus estava. Uma vez feito isso, eles baixaram o homem pela abertura.

O dono da casa parecia zangado ao ver o homem paralítico sendo baixado pelo telhado, mas Jesus sorriu. Ele ficou comovido com a fé daqueles homens e disse ao paralítico que seus pecados tinham sido perdoados.

Os fariseus e mestres da lei não podiam acreditar naquilo. "Certamente, só Deus pode perdoar os pecados das pessoas, não?", perguntaram a Jesus.

"Deus me deu a autoridade para perdoar as pessoas pelos seus pecados", disse Jesus. "E, para provar isso, eu vou curar este homem".

Virando-se para o paralítico, ele disse: "Levante-se e ande!".

O homem levantou-se, agradeceu a Jesus e foi para casa. "Louvado seja Deus!", gritou o povo.

Você sabia?

Os fariseus eram judeus que seguiam as leis de Moisés de maneira muito rígida. Jesus criticou-os por serem hipócritas. O apóstolo Paulo era fariseu antes de se tornar cristão.

Jesus Acalma a Tempestade

Lucas 8:24 Jesus se levantou e repreendeu o vento e a violência das águas; tudo se acalmou e ficou tranquilo.

Depois de um longo dia ensinando por meio de parábolas, Jesus precisou descansar. Ele pediu aos seus discípulos para levá-lo de barco para o outro lado do mar da Galileia, onde ele poderia ficar em paz e tranquilo.

Sentindo-se muito cansado, Jesus subiu no barco, enrolou alguns panos como um travesseiro e rapidamente adormeceu.

Os discípulos, que não estavam nem um pouco cansados, conversavam uns com os outros sobre os ensinamentos daquele dia.

De repente, um vento forte começou a soprar. A água batia forte no barco, fazendo a embarcação balançar com furor.

Quando um dos discípulos se levantou para ajustar as cordas, quase caiu na água. Outra enorme rajada de vento soprou e trouxe uma onda gigantesca com ela. Quando o barco balançou violentamente de um lado para o outro, a água começou a entrar.

Os discípulos eram homens corajosos e já tinham navegado muitas vezes, mas

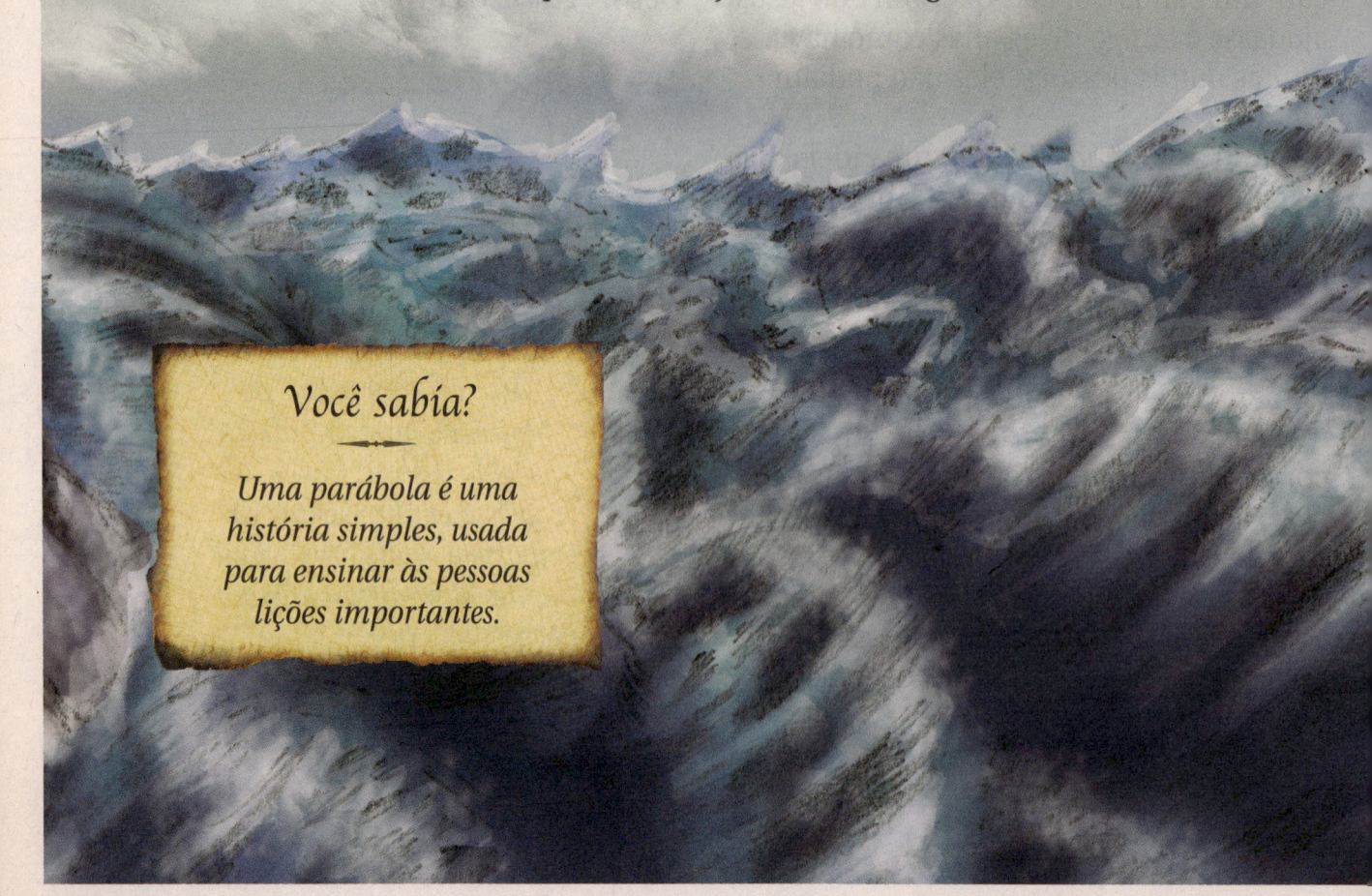

Você sabia?

Uma parábola é uma história simples, usada para ensinar às pessoas lições importantes.

aquela tempestade era mais poderosa do que qualquer outra que eles tinham visto antes.

    Começando a ficar preocupados, os homens se perguntaram como Jesus ainda poderia dormir com uma tempestade daquelas. Eles o acordaram e gritaram: "Acorde! Acorde! Vamos nos afogar!".

    Calmamente, Jesus se levantou, ergueu a mão sobre as ondas ferozes e ordenou que se acalmassem. Os discípulos assistiram com espanto como o vento parou de uivar, as ondas pararam de bater e tudo ficou quieto e calmo.

    Enquanto eles observavam tudo aquilo maravilhados, Jesus olhou para seus discípulos e perguntou porque eles não tiveram fé. Os discípulos não responderam. Sentindo um pouco de medo de Jesus, eles se perguntaram quem aquele homem, que se parecia com qualquer outro, poderia realmente ser. Eles mal podiam acreditar em seu poder, mas decidiram acreditar que ele realmente era o Filho de Deus.

A Filha de Jairo

Mateus 9:22 Mas Jesus, virando-se e olhando para ela, disse: "Filha, anime-se! Sua fé a curou". E a mulher ficou curada a partir daquele instante.

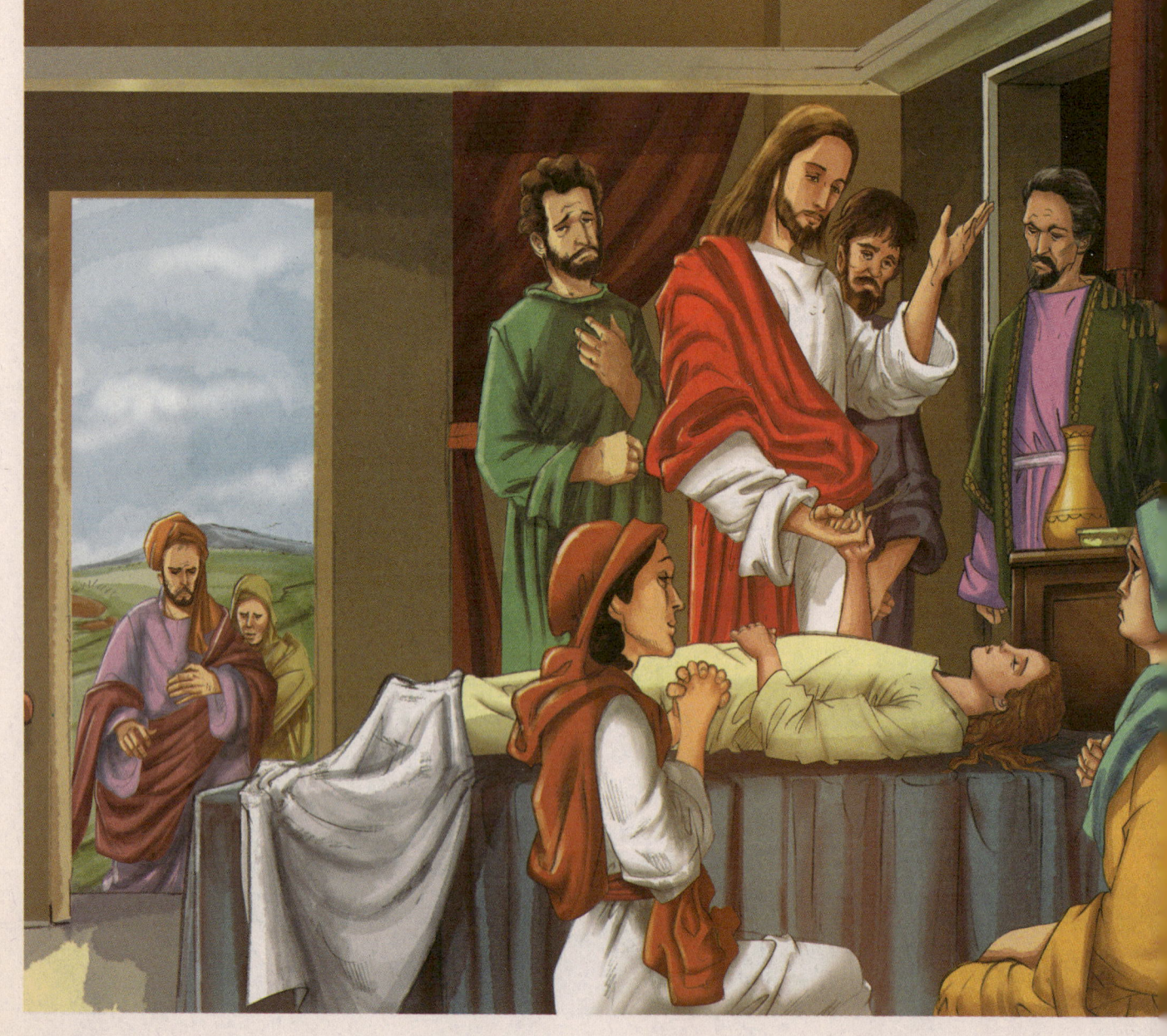

Certo dia, em Cafarnaum, um homem chamado Jairo abriu caminho entre a multidão que se reunira em volta de Jesus. Atirando-se aos pés de Jesus, ele implorou por ajuda.

Jairo explicou que ele era o dirigente da sinagoga local e sua filha estava muito doente. Ela tinha apenas doze anos de idade, era sua única filha, e ele a amava muito. Com a voz embargada, Jairo pediu a Jesus para impor as mãos sobre sua amada filha e curá-la.

Olhando para o homem solene e bem-vestido que estava ajoelhado no chão, Jesus disse: "Eu irei imediatamente a sua casa".

Enquanto ele seguia Jairo, uma multidão ia atrás deles. De repente, Jesus parou, virou-se para a multidão e perguntou: "Quem tocou meu manto?".

Mas ninguém disse nada, e Jesus insistiu: "Eu sei, alguém tocou meu manto, pois senti poder sair do meu corpo".

Finalmente, uma mulher aproximou-se e ajoelhou-se aos pés de Jesus. Com voz trêmula, ela disse: "Estou muito doente há doze anos, mas pensei que, se conseguisse pelo menos tocar em seu manto, poderia ser curada".

Jesus sorriu e disse à mulher que ela havia sido curada. Incrédula, a mulher percebeu que as palavras de Jesus eram verdadeiras. Sua dor tinha cessado pela primeira vez em muitos anos e ela estava bem de novo!

Quando a mulher se afastou feliz, algumas pessoas correram em direção a Jairo para avisar que sua filha havia morrido. Caindo de joelhos, Jairo começou a chorar.

"Tenha fé", disse Jesus a Jairo. "Sua filha não está morta, ela está apenas dormindo".

Jesus mandou a multidão embora e seguiu com Jairo até sua casa. Os apóstolos Pedro, Tiago e João foram com eles.

Quando chegaram ao lugar, Jesus disse aos presentes que parassem de chorar, pois a menina não estava morta. As pessoas olharam para ele com descrença, mas Jesus os mandou para fora. Então ele levou Jairo, a mãe da menina e os três discípulos para o quarto da menina.

Segurando a mão dela, Jesus gentilmente sussurrou: "Menina, levante-se agora". A filha de Jairo saiu da cama e começou a andar. Ela estava viva!

Você sabia?

A filha de Jairo foi a primeira pessoa que Jesus trouxe de volta à vida.

Jesus Chama Mateus

Marcos 2:17 Jesus os ouviu e respondeu: "As pessoas que estão bem não precisam de médico; somente aqueles que estão doentes".

Jesus estava se sentindo cansado enquanto caminhava pela costa do Mar da Galileia. Nos últimos meses, ele tinha realizado muitos milagres: havia curado doentes, transformado água em vinho, expulsado espíritos malignos e até mesmo ressuscitado pessoas mortas. Jesus também havia percorrido um longo caminho, ensinando a muitas pessoas como deveriam levar uma vida boa e correta.

Enquanto Jesus caminhava ao longo da costa, uma grande multidão veio até ele. Aquelas pessoas queriam que Jesus as ensinasse sobre a palavra de Deus. Elas queriam que ele ensinasse como conduzir o seu viver e ser boas pessoas. Então Jesus começou a dizer quão maravilhoso o Senhor era e como eles seriam recompensados no céu se tivessem fé em Deus e seguissem suas leis.

Quando Jesus terminou de falar, ele continuou a caminhar. Então algo chamou sua atenção. Jesus olhou para cima e viu Mateus sentado em sua mesa na coletoria. Mateus era um cobrador de impostos, por isso a maioria das pessoas não gostava ou não queria falar com ele. Na verdade, a maioria das pessoas desprezava Mateus simplesmente porque ele coletava seus impostos.

Mateus parecia muito triste e solitário quando Jesus foi até ele e disse: "Deixe todas as suas coisas e me siga". Sem parar para pensar um segundo sequer, Mateus deixou tudo para trás e seguiu Jesus.

Mateus ficou tão feliz que decidiu realizar um grande banquete. Ele convidou Jesus e os discípulos e até mesmo alguns outros coletores de impostos, além de outras pessoas. Mateus passou o dia inteiro se preparando para a refeição.

Durante a festa, enquanto todos comiam, alguns fariseus e mestres da lei vieram e viram Jesus comendo com os cobradores de impostos e pecadores. Eles ficaram indignados e perguntaram aos discípulos por que Jesus passaria seu tempo com pessoas de quem ninguém gostava.

Ouvindo os comentários dos fariseus, Jesus disse a eles que os pecadores eram as pessoas que mais precisavam de sua ajuda, e ele não lhes daria as costas. Ele ensinaria a todos os caminhos de Deus.

Você sabia?

As pessoas não gostavam dos coletores de impostos, porque eles podiam ficar com o dinheiro extra que recolhiam para eles mesmos.

135

Os Discípulos são Escolhidos

Marcos 3:14 Ele designou doze homens para que estivessem com ele e os enviasse para pregar.

Quando Jesus e seus discípulos estavam no mar da Galileia, uma multidão começou a se reunir. As pessoas vieram de todos os lugares para ver Jesus. Havia tantas pessoas empurrando e tentando se aproximar dele que Jesus temia por sua segurança. Ele pediu aos seus discípulos para buscar um barco. Então, subindo no barco, Jesus terminou seu sermão.

Quando a multidão partiu, Jesus pediu a seus doze discípulos mais confiáveis que o seguissem por uma colina íngreme, para que ele pudesse falar com eles em particular. Os discípulos eram os irmãos Tiago e João, Simão (a quem agora ele chamava Pedro) e André, Filipe, outro Tiago, Simão o zelote, Tadeu, Bartolomeu, Tomé, Mateus, o coletor de impostos, e Judas Iscariotes. Judas seria o discípulo que trairia Jesus.

"Eu escolhi vocês para fazer algo muito importante", disse Jesus. "Eu estou pedindo que continuem minha missão de espalhar a palavra de Deus". Ele disse que os havia escolhido para ajudá-lo a ensinar a palavra de Deus, viajando pelas cidades e aldeias como ele havia feito. Depois disso, eles deveriam ir ainda mais longe para espalhar os ensinamentos de Jesus, para todo o povo de Deus. Para fazer isso, Jesus deu a eles o poder de expulsar demônios e curar os doentes. Ele advertiu os discípulos que eles enfrentariam muitos obstáculos, mas que Deus sempre daria a coragem de que precisavam.

Os discípulos estavam determinados a fazer o que Jesus pediu e começaram a espalhar seus ensinamentos. A partir desse dia em diante, os doze discípulos passaram a serem conhecidos como os doze apóstolos.

Você sabia?

Um discípulo é alguém que segue Jesus. A palavra é usada com mais frequência para se referir aos doze principais discípulos, ou apóstolos.

A Morte de João Batista

Mateus 14:9 E o rei ficou aflito, mas por causa do juramento e dos que estavam com ele na festa, ordenou que João fosse morto.

O rei Herodes havia detido João Batista e o jogado na prisão porque ele havia criticado o rei. João disse ao rei Herodes que ele estava errado por se divorciar de sua esposa e depois se casar com a esposa de seu irmão, Herodias. Ela também era sobrinha de Herodes, então João Batista disse que ele havia violado a lei de Moisés ao se casar com uma mulher de sua família.

No aniversário de Herodes, o rei realizou um grande banquete, e muita gente importante estava presente. Herodes pediu à filha de Herodias, Salomé, que dançasse para os convidados. Ele ficou muito impressionado com ela. Então disse a Salomé que daria a ela qualquer coisa que quisesse. Salomé ficou pensativa, então sua mãe sussurrou algo em seu ouvido. Salomé sorriu e exigiu a cabeça de João Batista em uma bandeja de prata.

Um silêncio tomou conta da sala. Herodes mandou prender João Batista como forma de castigo, apesar de não querer matá-lo. Mas ele fizera a Salomé uma promessa na frente de todos os convidados, então não poderia voltar atrás, pois perderia o respeito das pessoas.

Depois de pensar, Herodes então chamou um soldado e deu a ordem. Momentos depois, o soldado retornou, confirmando que João Batista havia sido morto.

A Primeira Multiplicação dos Pães

Lucas 9:17 Eles comeram até que todos ficaram satisfeitos. Então os discípulos recolheram doze cestos cheios de pedaços que sobraram.

Jesus e seus discípulos estavam pregando para uma multidão quando souberam que João Batista havia sido morto por Herodes. A festa da Páscoa estava próxima, então eles decidiram ir a um lugar tranquilo para descansar e refletir.

Jesus e seus discípulos subiram no barco e navegaram pelo mar da Galileia até a costa norte. Mas quando Jesus olhou ao redor, viu multidões viajando a pé ou montados em animais ao longo da costa em direção a eles. Quando chegaram, Jesus sentiu pena daquelas pessoas que queriam ouvir suas palavras, então ele começou a pregar. Jesus falou até que fosse muito tarde.

"Mestre, já é hora de mandar essas pessoas embora", disseram os discípulos. "Eles estão com fome e não temos comida para todos". Mas Jesus sabia o que fazer. Ele disse aos discípulos para recolherem o máximo de comida que pudessem.

Os discípulos encontraram um menino que tinha dois peixes e cinco pães, o que não era suficiente para alimentar todas aquelas milhares de pessoas.

Mas Jesus pegou os peixes e os pães e os abençoou. E quando eles foram distribuídos entre a multidão, todos comeram o suficiente para satisfazer sua fome. No fim, ainda sobraram doze cestos de pão!

Milagre no Mar

Mateus 14:31 "Homem de pequena fé. Por que você duvidou?"

Depois de Jesus ter alimentado o povo com pães e peixes, ele precisava descansar. Jesus disse a seus discípulos que pegassem o barco e voltassem para o outro lado do mar da Galileia, e ele os encontraria depois. Os discípulos partiram imediatamente e Jesus subiu uma colina que parecia tranquila e isolada. Ao chegar ao topo, Jesus sentou-se e orou.

Quando ele terminou, Jesus olhou para o mar da Galileia e contemplou a bela paisagem ao redor dele. Podia enxergar os discípulos no pequeno barco, no meio do mar.

De repente, o vento começou a soprar. As flores e a grama balançavam com a brisa. Então o vento soprou mais forte e as árvores se curvaram.

Quando o vento se intensificou, o manto de Jesus começou a se enrolar em volta dele. Ele olhou para o mar novamente e tentou encontrar o barquinho, mas as ondas enormes cobriam tudo.

Finalmente, Jesus viu o barco balançando violentamente no mar agitado.

Jesus queria ter certeza de que seus discípulos estavam seguros. Ele caminhou em direção à costa e começou a andar sobre as águas em direção ao barco onde estavam os discípulos.

Quando os discípulos viram um vulto andando sobre as águas, ficaram aterrorizados e gritaram de medo. Eles pensaram que Jesus era um fantasma.

"Não tenham medo. Sou eu" – disse uma voz gentil e familiar.

Alguns discípulos não estavam convencidos e sentaram-se encolhidos no barco. Mas Pedro não tinha dúvidas, ele sabia a quem a voz pertencia. "Senhor", disse ele, "se é realmente você, então me diga para caminhar sobre as ondas".

"Então venha", disse Jesus, estendendo-lhe a mão. Pedro se levantou e saiu lentamente do barco. Ele estava de pé sobre a água! Então ele andou cuidadosamente até onde Jesus estava esperando por ele.

De repente, uma rajada de vento bateu no rosto de Pedro e ele ficou com medo. Naquele instante, ele caiu e começou a afundar nas águas geladas. "Salve-me, Senhor!", ele gritou.

Jesus agarrou o braço de Pedro e o puxou. "Homem de pouca fé, por que você duvidou?", perguntou Jesus, segurando Pedro firmemente pelos ombros. Então Jesus guiou Pedro de volta ao barco, e o vento cessou.

Olhando maravilhados para Jesus, seus discípulos exclamaram: "Você verdadeiramente é o Filho de Deus!".

Você sabia?

Muitos dos milagres de Jesus, incluindo o acalmar da tempestade e a primeira multiplicação dos pães e peixes, foram realizados no mar da Galileia.

O Sermão da Montanha

Mateus 5:5 Felizes as pessoas humildes, pois receberão o que Deus tem prometido.

Em toda parte por onde Jesus passava, multidões o seguiam. Eles tinham ouvido sobre os milagres de Jesus, então estavam curiosos para saber mais sobre aquele homem.

As pessoas queriam ser curadas, ou tinham amigos e parentes que eles queriam que Jesus curasse. Mas esta não era a única razão pela qual as pessoas se reuniam quando Jesus estava por perto; elas também queriam ser ensinadas sobre como ser bons e ter uma vida digna.

Um dia, enquanto Jesus caminhava, uma multidão se reuniu e pediu para ouvi-lo. Então ele subiu num monte e sentou-se. As pessoas o seguiram e sentaram-se por perto.

Jesus falou primeiro sobre a felicidade – o que era e como encontrá-la. "Você só será verdadeiramente feliz quando for recompensado nos céus por ser gentil, altruísta e puro – por tentar criar um mundo pacífico", disse Jesus à multidão.

"As criações de Deus são como sal", continuou Jesus. "Mas se o sal perde seu sabor, não há como resgatá-lo. Torna-se inútil – e deve ser descartado".

As multidões escutaram em silêncio enquanto Jesus prosseguiu: "Você é como uma luz para o mundo, que não pode ser apagada. Ninguém acende uma lâmpada e a coloca debaixo de uma tigela; em vez disso, a coloca no abajur, onde irá iluminar a todos. Da mesma forma, suas boas ações são como luz para os outros. Quando você leva uma vida correta, os outros verão as coisas boas que você faz e vão adorar o Pai Celestial.

Jesus então falou sobre os dez Mandamentos e como eles devem ser seguidos, para que as pessoas sejam bem recebidas no céu. Ele disse à multidão que controlassem seus temperamentos e fizessem as pazes com seus inimigos, porque, quando chegasse a hora de serem julgados, Deus os julgaria por qualquer mágoa ou ressentimento que tivessem em relação aos outros.

"Amem seus inimigos e pratiquem a caridade. Ajudem seus vizinhos e amigos necessitados", disse Jesus. "Esqueçam as riquezas terrenas, como dinheiro e ouro. Em vez disso, armazene riquezas no Céu fazendo boas obras na terra".

Estas palavras que Jesus pregou na encosta da montanha ficaram conhecidas como o Sermão da Montanha.

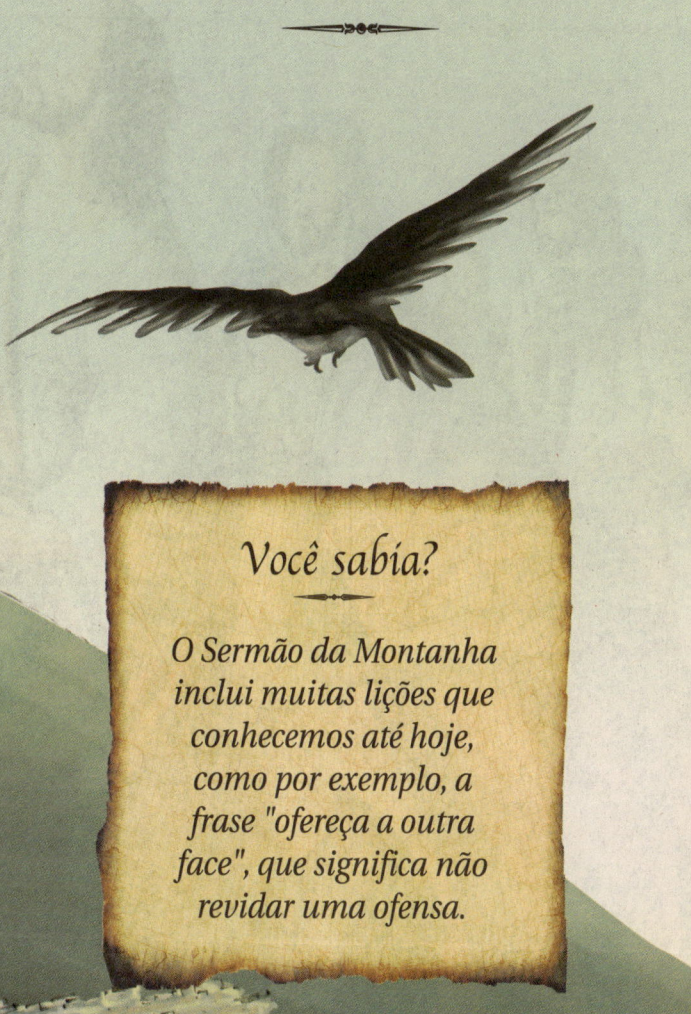

Você sabia?

O Sermão da Montanha inclui muitas lições que conhecemos até hoje, como por exemplo, a frase "ofereça a outra face", que significa não revidar uma ofensa.

A Oração do Senhor

Mateus 6:5 "Quando orarem, não sejam como os hipócritas, que ficam orando em pé nas sinagogas e nas esquinas, para que as pessoas os vejam".

Um dia, quando os discípulos estavam a sós com Jesus, perguntaram como deviam orar. "Simplesmente orem", disse Jesus a seus seguidores. "Vocês não precisam orar para que todos os vejam e falem sobre as boas pessoas que vocês são. Em vez disso, devem ir para seus quartos e fechar a porta para que ninguém os veja".

Naquele dia, Jesus explicou aos seus discípulos e seguidores que, quando estivessem orando, pensassem nas palavras que estavam dizendo e no que realmente queriam dizer. Não importava se as orações eram longas ou curtas, apenas que elas expressassem o que realmente estava em seus corações.

Jesus então ensinou aos discípulos uma oração, que ficou conhecida como a oração do Pai Nosso. "Quando orarem, orem assim":

Pai nosso, que estás nos céus!
Santificado seja o teu nome.
Venha o teu reino;
seja feita a tua vontade,
assim na terra como no céu.
Dá-nos hoje o nosso
pão de cada dia.
Perdoa as nossas dívidas,
assim como perdoamos
aos nossos devedores.
E não nos deixe cair em tentação,
mas livra-nos do mal,
porque teu é o Reino, o poder e a glória
para sempre. Amém.

Quando todos os discípulos oraram juntos, Jesus disse que deveriam sempre orar a Deus e encorajar os outros a orarem também. "Nunca desistam", disse ele.

Jesus então deu aos discípulos um exemplo do que ele queria dizer. "Imagine que você bata na porta do seu vizinho no meio da noite, porque você precisa pedir algo emprestado com urgência", disse Jesus. "Depois de ser acordada no meio da noite, a maioria das pessoas ficaria com raiva e ignoraria suas batidas e chamadas e voltaria a dormir. Mas se você é persistente e continua chamando, seu vizinho não terá como ignorá-lo. Então, ele abrirá a porta e lhe dará o que você quer; não porque ele está sendo um bom vizinho, mas porque você está fazendo muito barulho!".

Os discípulos de Jesus riram de sua história, mas entenderam o seu significado. Eles nunca desistiriam de orar ou pregar a palavra de Deus, apesar do fato de algumas pessoas estarem mais dispostas a ouvir do que outras.

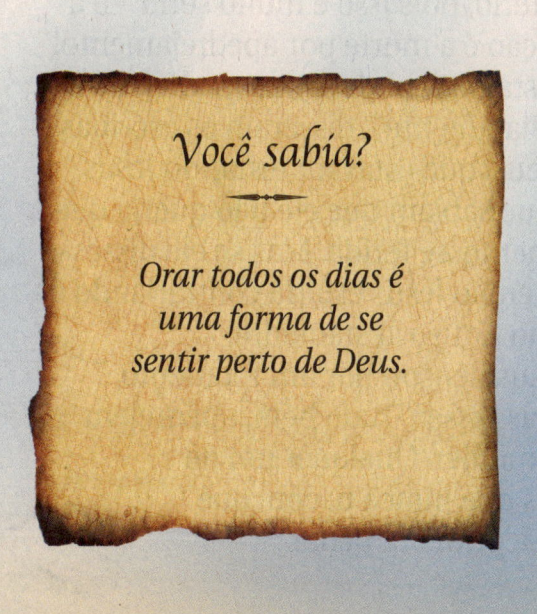

Você sabia?

Orar todos os dias é uma forma de se sentir perto de Deus.

Jesus e a Mulher Adúltera

João 8:7 "Aquele entre vocês que estiver sem pecado, que atire a primeira pedra".

Jesus passara a noite no Monte das Oliveiras, refletindo e orando em silêncio. Na manhã seguinte, quando retornou, Jesus decidiu parar no templo. Uma multidão logo se reuniu quando viu Jesus e pediu que ensinasse a eles mais sobre Deus.

Enquanto Jesus falava, alguns escribas e fariseus entraram no templo, trazendo com eles uma mulher muito assustada. Eles empurraram a mulher na frente de Jesus e disseram que ela havia sido infiel ao marido. Um dos Dez Mandamentos ordena que as pessoas não cometam adultério, pois isso é muito sério – e a punição é a morte por apedrejamento!

"Esta mulher deve ser apedrejada imediatamente", disseram os escribas e fariseus, que estavam testando Jesus, porque sabiam que ele não queria que a mulher fosse ferida. Mas se ele dissesse não, então Jesus estaria contrariando as leis do Antigo Testamento.

Jesus pensou por um momento, depois disse: "Tudo bem, apedrejem esta mulher. Qualquer um de vocês que nunca pecou, que atire a primeira pedra".

De repente, o templo ficou em silêncio, então, um a um, os escribas e fariseus saíram, até que somente Jesus e a mulher ficaram lá.

Nenhum dos acusadores poderia dizer que nunca havia pecado, dessa forma, entenderam que todos eram tão culpados quanto a mulher adúltera.

Jesus Prevê sua Morte

Mateus 16:24 Disse então Jesus aos seus discípulos: "Se alguém quiser ser meu seguidor, não pense em si mesmo, tome a sua cruz e venha comigo".

Jesus sabia que ia ser morto. Havia muitas pessoas, incluindo o rei Herodes, que não concordavam com seus ensinamentos, ou o modo como ele criticava as vidas que levavam.

Jesus teve até uma visão de como ele seria morto. Seus inimigos o pendurariam em uma cruz.

Jesus achou melhor dizer aos seus discípulos que ele os deixaria em breve. "Eu não deixarei vocês a suas próprias custas", disse ele. "Deus enviará seu espírito para estar com vocês. Não se preocupem – e não tenham medo".

Jesus continuou dizendo a seus discípulos que os sacerdotes, os mestres da lei e outros oficiais estavam contra ele e iriam matá-lo.

"Mas, se quiser, você pode evitar sua morte!", disse Pedro.

Mas Jesus explicou que deveria ser assim. "Todos aqueles que seguem o meu exemplo, e aqueles que dedicam suas vidas a Deus, me encontrarão novamente e serão recompensados nos céus", disse ele a Pedro e aos outros discípulos.

A Transfiguração

Marcos 9:7 Uma nuvem lhes lançou uma sombra, e da nuvem saiu uma voz: "Este é o meu filho amado. Ouçam-no".

Alguns dias depois de Jesus ter dito aos seus discípulos como ele seria morto, ele levou três deles – Pedro, João e Tiago – com ele para o topo de uma alta montanha.

Deixando seus discípulos, Jesus saiu para encontrar um local tranquilo para orar. De repente, algo incrível aconteceu – ele estava mudado, ou transfigurado. Seu rosto começou a brilhar como o sol e suas roupas ficaram brancas como a mais pura neve. Enquanto Jesus estava daquela forma, duas figuras apareceram ao seu lado.

"Quem são essas pessoas?", perguntaram os discípulos, protegendo os olhos.

Os discípulos balançaram a cabeça. Os dois homens pareciam antigos profetas. Por fim, Pedro percebeu quem eram os homens: Moisés, que liderou os israelitas para a Terra Prometida, e Elias, o maior de todos os profetas! Eles estavam falando com Jesus sobre sua morte, que ia acontecer em Jerusalém.

"Sua morte e ressurreição libertarão as pessoas", disse Moisés, enquanto os discípulos, parecendo um pouco amedrontados, escutavam.

"Senhor, é sorte para nós estarmos aqui com você", disse Pedro. "Faremos três tendas – uma para cada um, Moisés e Elias – e então..." O pobre Pedro ficou tão chocado ao ver Moisés e Elias diante dele que ele realmente não sabia o que estava dizendo.

Então, de repente, uma nuvem apareceu sobre eles. Novamente os discípulos foram tomados pelo medo quando uma voz disse: "Este é meu filho, o escolhido. Vocês devem ouvi-lo!".

A voz se calou e a nuvem desapareceu. Os discípulos sabiam que tinham ouvido a voz de Deus falando com eles e caíram de joelhos, lançando os olhos no chão. Quando eles olharam de novo, Jesus estava sozinho e o brilho havia se dissipado.

Jesus pediu a seus discípulos que não contassem a ninguém sobre o que eles haviam visto naquele dia na montanha, até que ele tivesse morrido e ressuscitado.

Você sabia?

Moisés foi responsável por estabelecer a lei judaica. Elias foi um profeta que, como Jesus, tentou encorajar as pessoas a levarem uma vida correta.

O Bom Samaritano

Lucas 10:27 Ame o seu próximo como você ama a si mesmo.

Um dia, um dos fariseus fez a Jesus uma pergunta difícil. Ele perguntou: "O que devo fazer na Terra para me certificar de que vou para o céu quando morrer?".

Jesus respondeu: "O que a lei de Deus nos diz sobre isso?".

O homem respondeu: "Que devemos amar a Deus de todo o coração e amar o nosso próximo tanto quanto amamos a nós mesmos".

"Sim", disse Jesus. "Faça isso e você viverá para sempre no céu".

Mas o homem não ficou satisfeito. "Mas quem é exatamente meu próximo?", perguntou ele. Então Jesus contou uma história.

"Um dia, um homem estava viajando de Jerusalém para Jericó. Ninguém gostava de usar esta estrada, pois havia grandes pedras que os ladrões poderiam usar para se esconder. De repente, alguns ladrões saltaram de seu esconderijo e atacaram o homem indefeso. Os ladrões o espancaram, roubaram suas roupas e dinheiro e fugiram, deixando-o gravemente ferido".

"Depois de um tempo, um sacerdote passou. Ele viu o homem deitado ali, mas atravessou para o outro lado da estrada e caminhou rapidamente".

"Logo depois, um levita apareceu. Ele olhou para o homem nu e ferido, mas depois se apressou a caminhar".

"Algum tempo depois, um samaritano que viajava em um jumento viu o homem. Judeus e samaritanos eram inimigos, mas o coração do samaritano se encheu de compaixão ao ver o homem ferido. Ele desceu do jumento e começou a limpar as feridas do homem com vinho e óleo. Então enfaixou as feridas, cuidadosamente levantou-o e o colocou sobre seu animal e levou-o para a hospedaria mais próxima".

"Quando o samaritano chegou, ele deu ao estalajadeiro duas moedas de prata. 'Cuide desse homem', ele disse, 'e quando eu voltar', se lhe custar mais algum dinheiro para cuidar dele, eu lhe pagarei'".

Quando ele contou sua história, Jesus olhou para o líder religioso e disse: "Qual dos três transeuntes mostrou amor ao homem ferido?".

"Aquele que cuidou dele", respondeu o homem, que não gostou de admitir que fosse o samaritano – um dos inimigos dos judeus!

Jesus respondeu: "Isso mesmo. Todo mundo é seu próximo. Agora vá e seja como o bom samaritano".

Você sabia?

Os samaritanos vieram de Samaria, no norte da Judeia. Por causa das diferenças nos costumes e religião, havia muitas desavenças entre eles e os judeus.

A Ovelha Perdida

Lucas 15:7 "... haverá mais alegria no Céu por um pecador que se arrepende do que por noventa e nove justos que não precisam se arrepender".

Grandes multidões seguiram Jesus para ouvir seus ensinamentos. Os mestres da lei também estavam lá, e ficaram aborrecidos ao ver algumas pessoas na multidão que infringiram suas leis.

Um homem comentou: "Jesus recebe os pecadores. Ouvi dizer que ele até come com eles!".

"Ele não pode ser um homem de Deus se ele fizer isso", observou um outro. "Deus não incentivaria os pecadores". Jesus ouviu essa conversa e contou uma história aos homens.

"Um homem possuía cem ovelhas. Certa noite, ao contá-las, viu que uma ovelha estava desaparecida. O que ele poderia fazer? Contentar-se com as noventa e nove ou sair para procurar a ovelha perdida?".

Obviamente, ele foi procurar a ovelha perdida. Mesmo cansado, o homem refez seus passos. Por fim, ele ouviu um balido – e lá estava sua ovelha!

Quando ele voltou para casa, o homem deu uma festa e chamou seus vizinhos, para compartilhar sua alegria com eles por encontrar sua ovelha perdida.

"Da mesma forma como o pastor se preocupa com suas ovelhas, Deus sente o mesmo a respeito das pessoas", disse Jesus. "Mesmo que alguns possam se desviar e esquecer os ensinamentos de Deus, ele sempre as ajudará a encontrar caminho correto novamente".

As Dez Moças

Mateus 25:10 Então as moças sem juízo saíram para comprar óleo, e, enquanto estavam fora, o noivo chegou. As cinco moças que estavam com as lamparinas prontas entraram com ele para a festa do casamento, e a porta foi trancada.

Jesus contou uma história sobre um casamento. Certa vez, uma noiva e suas dez damas de honra esperavam que o noivo chegasse. E aconteceu de terem que esperar muito tempo. Cinco jovens tinham levado óleo a mais para suas lamparinas, mas as outras cinco não tinham mais óleo. A noite chegou e todas elas adormeceram.

De repente, à meia-noite, alguém chamou: "O noivo está a caminho!".

As garotas acordaram e acenderam suas lamparinas. "Ah, não!", cinco delas exclamaram. "Ficamos sem óleo! Por favor, nos empreste algum!".

"Desculpe, mas não temos mais óleo para emprestar", responderam as cinco damas sensatas. Então as outras cinco correram para comprar mais óleo para suas lamparinas.

Enquanto elas saíram, o noivo chegou. A noiva e as cinco jovens sensatas juntaram-se à procissão do casamento até a casa dele. Algum tempo depois, as cinco meninas tolas chegaram a casa do noivo. "Deixe-nos entrar!", elas chamaram.

Do outro lado, o noivo respondeu: "Não! Eu não sei quem são vocês".

Quando Jesus terminou a história, ele disse aos discípulos que um dia, o Messias voltaria. Ninguém sabia quando isso aconteceria, então eles tinham que estar prontos, ou seria tarde demais para segui-lo.

153

O Filho Pródigo

Lucas 15:18 "Pai, pequei contra Deus e contra ti. Não estou mais em condições de ser chamado seu filho".

Jesus contou várias histórias, ou "parábolas", para explicar o amor de Deus. Uma dessas histórias era sobre um fazendeiro que tinha dois filhos.

Um dia, o filho mais novo disse ao pai: "Estou cansado desta casa e de fazer o que me é dito. Eu quero ir embora, então, por favor, dê-me minha parte da herança".

O pai deu ao filho sua parte da herança e o rapaz partiu. Ele logo fez novos amigos e se divertiu muito, gastando seu dinheiro como bem queria.

Certa manhã, o jovem acordou e percebeu que todo o dinheiro dele havia acabado – assim como seus novos amigos. Pior ainda, havia uma fome severa na terra, então havia pouco trabalho ou comida nas redondezas.

Finalmente, o rapaz encontrou trabalho. Ele tinha que cuidar de porcos, o que era difícil e cansativo. Ele trabalhou longos dias e recebeu pouco dinheiro, e a fome só aumentava. "Eu sou muito estúpido", pensou ele. "Na terra do meu pai, até os empregados têm boa comida. Posso voltar e, mesmo que ele não me perdoe, pode me dar um emprego na fazenda".

E partiu dali na mesma hora. Quando seu pai o viu, ele não pôde acreditar em seus olhos. Ele correu em direção ao filho e o abraçou.

"Traga minha melhor túnica e sandálias para meu filho", disse o fazendeiro a seus criados. "Coloque meu anel em seu dedo, então mate o novilho que estamos engordando. Nós vamos fazer uma festa!".

No momento em que o filho mais velho voltava dos campos, a festa começou. "O que está acontecendo?", ele perguntou aos criados.

"Seu irmão voltou para casa", os servos responderam.

O irmão mais velho ficou furioso. "Eu trabalhei para você todos esses anos", ele disse ao pai, "mas você nunca deu uma festa para mim. Então meu irmão, que desperdiçou todo o seu dinheiro, volta para casa e você dá uma festa para celebrar o retorno dele?".

O pai parecia chateado. "Mas filho", ele disse, "tudo o que possuo pertence a você. Estamos juntos o tempo todo. Seu irmão estava perdido e agora ele foi encontrado. É por isso que estamos comemorando".

Você sabia?

"Pródigo" significa extravagante ou desperdício. A palavra descreve o filho mais novo antes de ele voltar para casa.

O rico e Lázaro

Lucas 16:25-26 Mas Abraão disse: "Lembre-se, meu filho, que em sua vida você recebeu coisas boas, enquanto Lázaro recebeu coisas más. Mas agora ele está sendo consolado, enquanto você está em sofrimento".

Jesus contou uma história que advertiu as pessoas para serem boas enquanto estão vivas, ou podem sofrer depois de morrerem.

Havia uma vez um homem rico que usava roupas caras, comia bem e vivia em completo luxo. Havia também um homem pobre chamado Lázaro, cujo corpo estava coberto de feridas. Muitas vezes, Lázaro ia até a porta do homem rico, esperando receber as migalhas que caíssem da mesa do rico. Mas nada foi dado a ele e ele sempre ia embora sem receber nenhuma migalha.

Quando Lázaro morreu, anjos o levaram para o céu, onde ele se sentou ao lado de Abraão. Mais tarde, o homem rico morreu e foi enterrado. Mas em vez de ir para o céu, ele foi para o inferno. Era um lugar quente e assustador, e quando ele olhou para cima, o homem rico podia ver Abraão e Lázaro sentados juntos no céu.

O homem rico chamou a Abraão: "Pai Abraão, por

favor, tenha piedade de mim e mande Lázaro trazer-me uma gota de água fresca. Estou ardendo e aterrorizado por estar tão perto desse lago de fogo".

Abraão respondeu: "Meu filho, você teve muitas coisas boas durante a sua vida, mas Lázaro experimentou apenas pobreza e dor. Agora ele está sendo confortado e você está sofrendo. Existe um grande abismo entre nós, de modo que não podemos atravessá-lo até você – e você não pode vir até nós".

O homem rico respondeu: "Então, por favor, mande Lázaro à casa de meu pai para avisar meus cinco irmãos, para que eles não venham parar aqui também!".

"Mas os seus irmãos têm a Moisés e aos profetas para adverti-los", disse Abraão.

"Isso não é suficiente, pai Abraão!", respondeu o homem rico. "Se alguém que houvesse ressuscitado dos mortos falasse com eles, eles perceberiam que não devem ser tão egoístas".

Abraão balançou a cabeça. "Desculpe-me. Se eles não ouvem a Moisés e aos profetas, eles não serão convencidos nem mesmo por alguém que tenha vindo dos mortos".

Você sabia?

O céu também é chamado de paraíso, e o inferno de Hades.

Lázaro Vive!

João 11:25 Jesus disse: "Eu sou a ressurreição e a vida. Quem crê em mim, ainda que morra, viverá".

Jesus teve muitos amigos. Entre os mais íntimos estavam um irmão e duas irmãs, chamados Lázaro, Marta e Maria. Jesus costumava visitar a casa deles em Betânia, uma pequena cidade a cerca de meia hora de caminhada de Jerusalém.

Um dia, Lázaro ficou doente e o médico disse que não havia mais nada que ele pudesse fazer. As irmãs se entreolharam, desesperadas. "Jesus poderia curá-lo", disse Maria.

"Vamos enviar uma mensagem pedindo para ele ajudar", disse Marta.

Jesus estava longe e levou dias para a mensagem chegar até ele. Os discípulos que deram a Jesus as más notícias puderam ver que ele ficou preocupado.

Finalmente, quando Jesus chegou a Betânia, Lázaro já estava sepultado havia quatro dias. Marta foi ao encontro de Jesus enquanto Maria ficou em casa.

"Jesus, se você estivesse aqui, meu irmão não teria morrido", exclamou Marta.

"Escute, Marta", disse Jesus. "Mesmo que ele tenha morrido, seu irmão viverá novamente. Você acredita nisso?".

"Sim, eu acredito, porque sei que você é o filho de Deus", ela respondeu.

Marta voltou e disse a Maria que Jesus também queria vê-la. Então Maria saiu de casa e foi ao encontro de Jesus. Quando ela o viu, Maria disse o mesmo que Marta: "Se você estivesse aqui, Lázaro não teria morrido".

Maria, e os outros amigos que vieram com ela, estavam chorando. Jesus chorou também.

"Onde você sepultou seu irmão?", perguntou Jesus.

Maria e seus amigos levaram Jesus até o sepulcro. Era uma gruta com uma pedra na entrada. "Tire a pedra", ordenou Jesus.

Quando a pedra foi removida, Jesus orou em voz alta: "Obrigado, Pai, por sempre ouvir minhas orações. Que todos agora possam ver que o Senhor me enviou para dar vida". Então Jesus chamou: "Lázaro, saia!".

O silêncio se estabeleceu. Então Lázaro saiu da gruta, embrulhado nas faixas em que havia sido sepultado.

Jesus disse: "Ajudem Lázaro a tirar as faixas".

Todos se aproximaram, radiantes, a fim de ajudar Lázaro, que havia morrido, mas ressuscitou.

Você sabia?

Esse milagre fez algumas pessoas se preocuparem com os poderes de Jesus, acreditando que ele poderia ser perigoso.

Jesus Entra em Jerusalém

João 12:12-13 No dia seguinte, a grande multidão que tinha vindo para a festa ouviu falar que Jesus estava vindo para Jerusalém. Então pegaram ramos de palmeiras e saíram para encontrá-lo.

Em preparação para o festival de oito dias da Páscoa, a cidade de Jerusalém estava movimentada. Lá se reuniam pessoas de todas as partes e, em todos os lugares, só se ouvia falar do último milagre de Jesus. Diziam que ele havia trazido de volta à vida um homem que estava morto havia quatro dias! Então a notícia de que Jesus estava a caminho de Jerusalém se espalhou e muitos foram ao seu encontro.

Enquanto isso, Jesus e seus discípulos chegaram a uma aldeia próxima a Jerusalém. Jesus pediu a dois deles que fossem à aldeia e trouxessem um jumentinho que estava amarrado lá. "Se alguém perguntar o que vocês estão fazendo", disse Jesus, "digam que o seu Mestre precisa dele e o mandará de volta em breve".

"Ei! O que vocês estão fazendo?", gritou um homem enquanto os discípulos desamarravam o burro. "O Mestre pediu que o levasse", responderam os discípulos.

"Tudo bem, então", respondeu o homem. "Mas tenham cuidado, pois ninguém nunca montou esse animal antes".

Os discípulos espalharam seus mantos nas costas do jumento para fazer uma sela para Jesus. Assim que Jesus montou o jumentinho, ele ficou calmo e avançou orgulhosamente.

Muitos anos antes disso, o profeta Zacarias havia predito que um dia o verdadeiro rei viria a Jerusalém, não galopando a cavalo, mas cavalgando pacificamente um jumento. As pessoas sabiam disso, e todos que viram Jesus naquele dia acreditavam que ele era o verdadeiro rei.

Uma grande multidão se apressou para se juntar a Jesus e seus discípulos quando eles entraram em Jerusalém. Alguns foram na frente e outros até jogaram suas capas para que o jumento pudesse passar por cima delas. Outros cortaram galhos de palmeiras e os espalharam na estrada enquanto o jumento levava Jesus lentamente para a cidade.

"Hosana!", gritou o povo. "Aqui vem o nosso rei há muito prometido! Deus abençoe aquele que vem em nome do Senhor!".

A multidão seguiu Jesus até o belo templo onde os judeus de todo o mundo se reuniam para louvar a Deus.

Você sabia?

A Páscoa celebra a libertação dos hebreus do cativeiro no Egito. O Anjo da Morte matou os primogênitos nos lares egípcios, mas "pulou" os lares hebraicos.

Jesus no Templo

Lucas 19:45-46 Então ele entrou no templo e começou a expulsar os comerciantes, com estas palavras: "As escrituras dizem: 'Minha casa será casa de oração', mas vocês fizeram dela um covil de ladrões".

Jesus chegou ao pátio do templo. Ele olhou em volta, mas como já era noite e Jerusalém estava cheia, ele e seus discípulos voltaram para Betânia para passar a noite com os amigos.

Na manhã seguinte, Jesus e seus discípulos voltaram para Jerusalém e Jesus foi direto para o templo. Embora o grande pátio fosse aberto a todos, deveria ser um lugar tranquilo onde as pessoas pudessem orar e aprender sobre Deus. Em vez disso, havia um barulho terrível. Animais baliam e mugiam, pássaros cantavam, os comerciantes gritavam e as pessoas cruzavam o pátio com seus animais, usando-o como um atalho.

Jesus viu que os comerciantes vendiam animais aos peregrinos para usar como oferendas a Deus, e cobravam por eles muito além do preço normal. Os cambistas também estavam trapaceando. Cada judeu tinha que pagar um "imposto do templo" na época da Páscoa, e aqueles que trocavam as moedas dos peregrinos estavam tendo grande lucro. Algumas pessoas acreditavam que os próprios sacerdotes estavam por trás de grande parte do comércio.

Jesus ficou muito bravo. Os pobres estavam sendo enganados, e a casa de Deus estava sendo usada como um mercado da corrupção. Sem medo, ele avançou e enxotou os bois, ovelhas e pombas, depois começou a derrubar todas as mesas, espalhando moedas por toda parte. Em seguida, ele se virou para as pessoas que estavam fazendo do templo um atalho em vez de passarem pelas ruas. Todos pararam quando Jesus exclamou:

"Como essas pessoas ousam negociar no templo? Eles devem vender suas mercadorias em outro lugar! Ladrões e cambistas não têm lugar em uma casa de oração!".

Os peregrinos olhavam espantados. Jesus estava sendo incrivelmente corajoso, ao desafiar algumas das pessoas mais poderosas. Os sacerdotes e líderes ficaram furiosos com Jesus. Era seu trabalho manter a ordem no templo, não dele, mas eles foram cautelosos porque Jesus estava acompanhado de uma multidão.

Os comerciantes tinham razão para estarem zangados com Jesus porque, sob a Lei de Moisés, as pessoas eram obrigadas a oferecer sacrifícios de animais. Aqueles que peregrinavam até o templo em Jerusalém levariam dinheiro com eles para comprar um animal para a sua oferta. Então, não era errado os homens venderem os animais, mas as pessoas sabiam que Jesus estava certo, pois os comerciantes deveriam estar vendendo-os fora da área do templo.

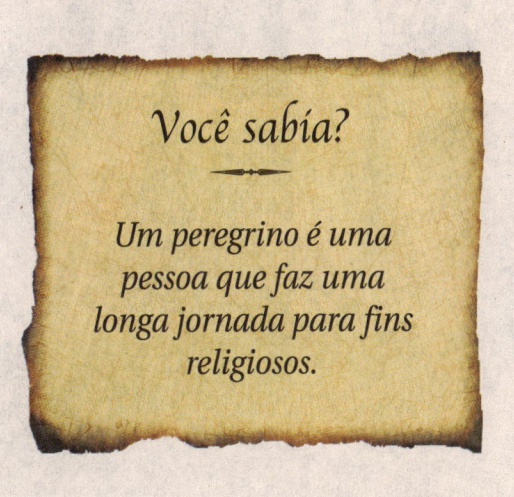

Você sabia?

Um peregrino é uma pessoa que faz uma longa jornada para fins religiosos.

Jesus e os Fariseus

Mateus 23:13 "Que terrível para vós, mestres da lei e fariseus! Você são hipócritas! Você fecham as portas do Reino dos céus diante das pessoas".

Depois de tirar os cambistas e mercadores do Templo, Jesus passou a noite em Betânia, uma aldeia próxima. No dia seguinte, ele voltou ao templo. Desta vez, os fariseus prepararam uma armadilha para ele. Eles enviaram alguns de seus discípulos para perguntar a Jesus se era certo que os judeus pagassem impostos aos romanos. Eles sabiam que se ele dissesse "sim", ele se tornaria muito impopular. Se ele dissesse "não", estaria encorajando as pessoas a violarem a lei romana.

Jesus não se deixou enganar. Ele pediu uma moeda e perguntou qual era o nome do rosto que estava nela. "César, o imperador romano", foi-lhe dito. "Então dê a César o que é de César", disse Jesus, "e não se esqueça de dar também a Deus o que é de Deus".

Havia, como sempre, multidões de pessoas no templo, bem como fariseus e mestres da lei. Falando primeiro ao povo, Jesus disse que deviam obedecer aos mestres da lei e aos fariseus, mas que não deveriam seguir seus exemplos, uma vez que eles não faziam o que pregavam. Eles eram hipócritas!

"Olhem para si", disse Jesus aos mestres da lei e aos fariseus. "Vocês tem escrituras versadas em suas roupas e carregam livros da palavra de Deus, mas vocês não ajudam seus semelhantes".

Os líderes religiosos inclinaram as cabeças constrangidos quando Jesus continuou. "Esses assim chamados homens de Deus sempre tomam os melhores lugares nas festas e nas sinagogas. Eles não podem incentivar as pessoas a viverem no caminho certo, já que eles próprios não vivem de forma adequada".

Jesus repreendeu os religiosos por roubarem os pobres, agirem injustamente e por seguirem as leis do mal em vez das leis do templo. Ele os condenou por se fazerem bons ofertando presentes e riquezas a Deus, ao mesmo tempo em que voltavam as costas para valores tão importantes como a justiça, a honestidade e a misericórdia.

Enquanto os escribas, mestres da lei e fariseus arrastavam os pés e olhavam para o chão, Jesus virou-se para falar à multidão: "Esses homens podem parecer pessoas boas do lado de fora, mas por dentro estão podres!".

Finalmente, Jesus disse aos mestres da lei e fariseus que eles seriam punidos por sua hipocrisia.

Você sabia?

Os fariseus eram também conhecidos como "chasidim", o que significa leal a Deus, ou amado por Deus. No entanto, de fato, eles eram os mais ferozes oponentes de Jesus Cristo e Sua mensagem.

A Última Ceia

Marcos 14:25 "Eu lhes digo que nunca mais beberei este vinho até o dia em que eu beber o vinho novo no Reino de Deus".

No final das celebrações da Páscoa, era chegada a hora da refeição da Páscoa. Jesus sabia que seus inimigos estavam à sua procura, então ele precisava de um lugar escondido para cear com seus discípulos. Durante o dia, os discípulos perguntaram onde Jesus queria fazer a refeição, pois Jerusalém estava superlotada. Mas muitas pessoas ficaram felizes em compartilhar suas casas com Jesus e ele já havia feito planos.

Em resposta aos seus discípulos, Jesus disse: "Vão à cidade e encontrem um homem carregando um pote de água. Ele os levará a uma casa. Peça ao dono da casa para mostrar-lhe a sala no andar superior, onde vocês poderão preparar a nossa refeição".

Facilmente os discípulos encontraram o homem carregando a água, pois geralmente as mulheres é que faziam este trabalho. Tudo aconteceu como Jesus lhes disse e eles prepararam a refeição no andar superior da casa.

Naquela noite, Jesus e seus discípulos sentaram-se à mesa. Naqueles tempos, o servo menos importante lavava os pés dos convidados que tinham andado por estradas poeirentas. Um jarro de água e uma toalha estavam postos, mas nenhum servo estava presente e nenhum dos discípulos estava preparado para fazer um trabalho tão humilde.

Jesus derramou um pouco de água em uma bacia e pegou a toalha. Então ele se ajoelhou diante de cada discípulo e lavou seus pés.

Quando Jesus terminou, ele disse: "Vocês veem? Estou preparado para fazer qualquer coisa por vocês. Estejam prontos também para servir um ao outro. Não pensem apenas em vocês mesmos e em sua importância". Mais tarde, enquanto eles, sentados à mesa, comiam, bebiam e conversavam, Jesus olhou em volta, sorriu tristemente e disse: "Um de vocês me trairá e me entregará aos meus inimigos".

Os discípulos ficaram horrorizados. "Você não pode nos dizer quem fará isso?", perguntou cada um deles.

Quando um dos discípulos, Judas Iscariotes, fez a mesma pergunta, Jesus respondeu: "Sim, você está entre eles." Então Jesus partiu o pão e deu a seus discípulos. "Este é o meu corpo", disse ele. "Quando vocês partirem o pão, lembrem-se de mim".

Então Jesus tomou o cálice de vinho. "Bebam, todos vocês", disse ele. "Este é o meu sangue, que será derramado para que os pecados de todos possam ser perdoados por Deus".

Você sabia?

Hoje, as pessoas celebram a Páscoa comendo "matzo", um pão achatado e sem fermento, semelhante ao pão que os israelitas comeram após sua saída do Egito.

O Jardim de Getsêmani

Lucas 22:48 Jesus perguntou: "Judas, com um beijo você está traindo o Filho do Homem?"

Jesus e os discípulos terminaram a refeição da Páscoa e foram dar uma volta em um lugar tranquilo fora da cidade.

"Todos vocês fugirão de mim", Jesus lhes disse.

"Nunca!", exclamou Pedro. "Eu morreria com você, se necessário."

Todos os outros concordaram.

Jesus sacudiu a cabeça. "Pedro", disse ele, "antes que o galo cante, três vezes você terá dito que não me conhece."

"Nunca!", repetiu Pedro.

Jesus e seus discípulos chegaram a um jardim chamado Getsêmani.

Reunindo seus discípulos, Jesus disse: "Esperem aqui enquanto eu oro. Eu estou muito triste. Por favor, fiquem de olho em mim".

Andando a uma curta distância dos outros, Jesus se jogou no chão. "Por favor, Pai!", ele orou, "Não me deixe sofrer!".

Depois de orar por mais algum tempo, Jesus falou de novo, desta vez com mais calma: "Pai, não faça a minha vontade, mas o que você sabe que é melhor".

Algum tempo depois, Jesus olhou para os discípulos, que haviam adormecido. "Vocês não poderiam ter ficado acordados só por mais uma hora?", ele perguntou, desapontado. "Agora vocês terão que acordar, porque eu vou ser preso. Veja! Lá vem aquele que me traiu".

Os discípulos acordaram e esfregaram os olhos. Uma multidão de aparência rude, incluindo guardas do templo armados com paus e lanças, caminhava na direção deles. Conduzindo a multidão estava Judas Iscariotes.

"O homem que eu beijar é o que vocês têm que prender", Judas sussurrou para os guardas.

Judas andou corajosamente até Jesus. "Olá, Mestre", disse ele, e beijou-o no rosto.

Jesus olhou para o discípulo. "Judas", ele disse tristemente, "Você está me traindo com um beijo?"

Pedro ficou furioso quando os guardas se adiantaram e se apoderaram de Jesus. Puxando uma espada, ele atacou os guardas e cortou uma das orelhas de um deles.

"Guarde sua espada, Pedro!", disse Jesus. "Se eu quisesse me libertar, poderia chamar exércitos de anjos para lutar por mim. Mas estou pronto para desistir da minha vida, de acordo com o plano de Deus".

Gentilmente, Jesus estendeu a mão e tocou a orelha ensanguentada do guarda, e curou-a no mesmo instante. Então ele disse aos seus captores: "Por que vocês estão me tratando como um criminoso? Todo dia eu estive com vocês no templo e vocês não me prenderam". Os homens não responderam.

Jesus sabia que os sacerdotes que tinham mandado prendê-lo tinham medo das multidões que o seguiam. Mas agora não havia multidões. Quando ele foi tirado do jardim, os discípulos fugiram apavorados.

Você sabia?

O jardim do Getsêmani fica ao pé do Monte das Oliveiras, em Jerusalém.

Pedro Nega Jesus

Lucas 22:56-57 Ela disse: "Este homem estava com ele também", mas Pedro negou, dizendo: "Mulher, eu não o conheço".

Os guardas levaram Jesus para a casa de Caifás, o sumo sacerdote. Ainda era noite, mas os sacerdotes decidiram que julgariam Jesus imediatamente e evitariam problemas com seus muitos seguidores que estavam em Jerusalém na época.

Enquanto isso, Pedro e outro discípulo pararam de fugir. De repente, eles perceberam o quanto estavam sendo covardes e decidiram seguir os guardas e ver para onde Jesus estava sendo levado.

Quando Pedro e seu companheiro chegaram à casa de Caifás, perguntaram a uma criada no portão se podiam entrar. "Sim", respondeu ela, depois olhou Pedro mais de perto. "Você não é um discípulo daquele homem?", ela perguntou, apontando para uma sala onde Jesus havia sido levado.

"Não, eu não sou!", respondeu Pedro, com medo de ser preso por cortar a orelha de um guarda com a espada. Ele estremeceu e caminhou até a fogueira no pátio para aquecer as mãos. Um homem que estava ali perto olhou para Pedro. "Você não é um dos discípulos daquele homem?", ele perguntou.

Com medo do que poderia acontecer com ele se outros ouvissem, Pedro abaixou a cabeça e respondeu: "Não, eu não sou!".

No canto do pátio, os criados discutiam sobre os últimos acontecimentos. Eles olharam para Pedro e um deles disse: "Você é um dos discípulos do prisioneiro. Não negue, eu vi você com ele – e você veio da Galileia também. Você tem o mesmo sotaque!".

Todos olharam para Pedro, que perdeu a paciência. "Eu te digo, eu não sei de quem você está falando", ele gritou.

Então, o amanhecer começou a iluminar o céu escuro e, próximo dali, um galo cantou. Com um arrepio, Pedro lembrou-se do que Jesus havia lhe dito poucas horas antes: "Antes que o galo cante amanhã, você me negará três vezes".

Envergonhado, Pedro olhou pela janela e viu onde Jesus estava sendo interrogado por seus inimigos. Jesus olhou para ele gentilmente. Pedro sentiu-se mal. Ele havia falhado com alguém que nunca o decepcionou. Ele saiu correndo do pátio e chorou amargamente.

Você sabia?

Pedro é um dos doze discípulos mais importantes de Jesus, e Jesus o chama de sua "pedra". Ele foi o primeiro a chamar Jesus de "Messias", que significa "ungido por Deus".

O Julgamento de Jesus

Marcos 15:9-10 "Vocês querem que eu liberte o rei dos judeus?" Pilatos sabia muito bem que os chefes dos sacerdotes entregaram Jesus a ele porque estavam com inveja.

Jesus estava em julgamento perante o Conselho dos líderes judeus. Ele foi vendado e espancado pelos guardas. O conselho convocou várias testemunhas para provar que ele era culpado de muitas coisas, mas nenhuma das testemunhas contou a mesma história. Irritado, o sumo sacerdote Caifás exigiu: "Você é o Filho de Deus?".

"Eu sou", respondeu Jesus.

"Ah!", respondeu Caifás. "Não precisamos de mais testemunhas. Ele disse que é como um deus e por isso ele merece morrer".

Mas os líderes judeus não eram autorizados a matar pessoas. Somente os romanos podiam fazer isso, então Jesus foi enviado ao governador romano, um homem chamado Pôncio Pilatos. Como Jesus estava diante de Pilatos acorrentado, advertiram: "Este perturbador diz às pessoas para não pagar impostos e afirma que ele é seu rei".

Se isso fosse verdade, Jesus poderia ser condenado à morte, mas Pilatos tinha certeza de que os líderes religiosos haviam feito as acusações porque tinham inveja de Jesus.

"Você é o rei dos judeus?", perguntou Pilatos. Mas Jesus não responderia a mais perguntas.

Pilatos tinha certeza de que Jesus era inocente, mas fora do seu palácio os sacerdotes estavam causando problemas. Uma multidão gritava: "Crucifica-o!"

Pilatos teve uma ideia. "É tempo da Páscoa", ele disse ao povo alvoraçado. "Como parte das celebrações, eu sempre liberto um prisioneiro. Este homem não fez nada para merecer a morte, então... Ele deve ser libertado?".

Mas os sacerdotes infiltraram gente deles na multidão com ordens para manipular os outros. "Não!", todos gritaram. "Liberte Barrabás!" Barrabás tinha sido preso por assassinato. Pilatos deu de ombros e ordenou a seus soldados que libertassem Barrabás.

Enquanto isso, outros soldados espancaram Jesus cruelmente e fizeram para ele uma coroa de espinhos. Eles colocaram a coroa em sua cabeça, enrolaram um manto roxo em volta dele e zombaram: "Viva o rei!".

Por fim, Pilatos levou Jesus até a multidão. Os sacerdotes haviam feito o seu trabalho e assim que a multidão viu Jesus, eles rugiram: "Que ele morra na cruz!".

E assim, as mesmas pessoas que haviam recebido Jesus em Jerusalém apenas cinco dias antes, exigiam agora sua morte.

Você sabia?

A crucificação servia para envergonhar a pessoa que estava sendo executada e para advertir os espectadores a não fazer o que aquele indivíduo tinha feito.

A Crucificação

Marcos 15:39 E o véu do templo foi rasgado em duas partes, de alto a baixo. E quando o centurião que estava diante de Jesus viu como ele morreu, disse: "Realmente este homem era o filho de Deus".

Jesus foi levado para a morte. Sob a lei judaica, ele só poderia ser morto fora dos portões da cidade. Os soldados romanos fizeram-no carregar uma pesada cruz de madeira até um lugar chamado Gólgota. Uma multidão seguia e zombava de Jesus que, fraco e açoitado, tropeçou sob o peso da cruz.

Um homem de ombros largos chamado Simão, que tinha vindo do norte da África para a Páscoa, estava lá, e os soldados o agarraram. "Leve a cruz para o prisioneiro!", eles disseram, "Ou nunca chegaremos lá." Simão ajudou Jesus o resto do caminho para o Gólgota. Então as palavras "O Rei dos Judeus" foram escritas na cruz.

Quando chegaram à colina, os soldados puseram Jesus na cruz e martelaram pregos em seus pés e pulsos. Jesus disse: "Pai, perdoa-lhes, porque não sabem o que fazem".

Dois ladrões foram crucificados ao lado de Jesus, um à direita e outro à esquerda. As cruzes foram colocadas no chão e erguidas, para que os homens morressem de calor e sede. Eram nove da manhã, então os soldados sentaram-se e começaram a jogar dados para passar o tempo até que os prisioneiros morressem.

Quando os líderes religiosos chegaram, eles zombaram: "Você salvou os outros, mas não é capaz de salvar a si mesmo".

Então um dos ladrões gritou: "Você não é o Escolhido? Salve a si mesmo e a nós!".

"Não diga isso", interrompeu o segundo ladrão. "Nós dois estamos recebendo o que merecemos, mas este homem não fez nenhum mal!". Então, voltando-se para Jesus, ele disse: "Lembre-se de mim quando você entrar em seu Reino". "Hoje mesmo você estará comigo no Paraíso", respondeu Jesus.

Alguns amigos de Jesus estavam lá, chorando. Jesus sussurrou para João: "Cuide de minha mãe e seja um filho para ela".

Ao meio-dia, quando o sol é mais brilhante, o céu foi tomado por trevas e Jesus gritou: "Meu Deus, por que você me abandonou?" Às três horas, ele disse: "Estou com muita sede!".

Um soldado encharcou uma esponja com vinagre e levou-a aos lábios de Jesus. Então, em uma voz clara, Jesus disse: "Está acabado!".

Naquele momento, em Jerusalém, o véu do templo rasgou-se em dois. No Gólgota, Jesus abaixou a cabeça e morreu.

Você sabia?

O nome Cristo vem da palavra grega "Christos", que significa ungido ou escolhido. "Messias" significa a mesma coisa.

Jesus se Levanta da Sepultura

Marcos 16:10-11 Ela foi e contou aos seus companheiros. Eles estavam de luto e chorando, e quando a ouviram dizer que Jesus estava vivo e que ela o havia visto, eles não creram.

Dois dos seguidores de Jesus pediram a Pôncio Pilatos que dessem a Jesus um sepultamento apropriado. Quando Pilatos concordou, eles pegaram o corpo, enrolaram-no em faixas de pano e levaram-no para um jardim onde uma nova cova havia sido aberta na rocha. Os fariseus estavam preocupados que os discípulos roubassem o corpo e fingissem que Jesus havia ressuscitado, então eles se certificaram de que a tumba estava selada e soldados romanos ficaram de guarda para que ninguém pudesse se aproximar dela.

Algumas das mulheres que haviam sido amigas de Jesus assistiram ao sepultamento. Abatidas pela tristeza e choro, elas foram embora. Era sexta-feira à noite e no dia seguinte era o sábado, o dia de descanso dos judeus. Nenhum dos amigos e discípulos poderia fazer nada além de chorar e esperar que o sábado acabasse.

Assim que chegou a noite de sábado, começaram a preparar perfumes e especiarias para colocar no corpo de Jesus. Era a única maneira que eles sentiam que poderiam mostrar o quanto eles se importavam com Jesus.

Muito cedo, no domingo de manhã, Maria Madalena, com algumas das outras mulheres, foi até o jardim. Mas quando chegaram, elas não podiam acreditar em seus olhos. Os guardas tinham ido embora e a imensa rocha que selara o túmulo fora afastada, deixando o túmulo aberto.

Maria Madalena correu para chamar Pedro e João. Quando eles voltaram, olharam dentro da gruta. No chão, os lençóis e o corpo de Jesus tinham desaparecido. Pedro e João não conseguiram entender nada e foram até os outros discípulos. Maria permaneceu, com lágrimas escorrendo pelo rosto. Ela se virou, olhou para a tumba novamente e viu dois anjos sentados onde o corpo de Jesus tinha estado.

"Por que você está chorando?", perguntou a voz de um homem. Ela não havia notado mais ninguém no jardim e supunha que ele era o jardineiro. "Senhor", ela respondeu, "eles levaram o corpo de Jesus. Você sabe onde ele está?".

"Maria!", exclamou o homem, e de repente ela o reconheceu. Era Jesus.

"Mestre!", ela chorou.

"Vá e diga aos meus discípulos que eu ressuscitei e estou a caminho de nosso Pai", disse Jesus, sorrindo.

Maria correu para fora do jardim, a sua tristeza desapareceu. Ela chegou ao lugar onde os discípulos estavam reunidos em luto e gritou: "Ele está vivo! Ele está realmente vivo!".

Você sabia?

O sábado judaico se estende do pôr do sol na sexta-feira ao pôr do sol no sábado. Isso porque Deus criou o mundo no sexto dia e no sétimo dia descansou.

Jesus Visita seus Discípulos

Lucas 24:30-31 Ao sentar-se para comer com eles, ele pegou o pão, abençoou, partiu e deu a eles. E seus olhos se abriram e eles o reconheceram; e Jesus desapareceu da vista deles.

Na tarde em que Jesus ressuscitou, dois dos discípulos de Jesus foram até sua casa, na aldeia vizinha de Emaús, quando um estranho os alcançou. "Vocês parecem tristes", disse ele. "Qual é o problema?"

"Você não ouviu falar sobre Jesus de Nazaré?", perguntou um dos discípulos. "Nós pensamos que ele tinha sido enviado por Deus, mas ele foi morto".

"Algumas mulheres estão dizendo que o viram vivo, mas ele estava de fato morto quando o tiraram da cruz", disse o segundo discípulo.

"Agora o corpo desapareceu do túmulo", acrescentou o primeiro.

O estranho respondeu: "Mas as nossas escrituras sagradas não dizem que o rei prometido por Deus deve morrer e ressuscitar?".

O estranho continuou falando sobre as escrituras e, em pouco tempo, eles chegaram a casa dos discípulos em Emaús.

"Entre!", convidaram os discípulos. "Venha comer conosco".

O homem aceitou e, à mesa, agradeceu a Deus e distribuiu o pão. De repente, os discípulos reconheceram o estranho. Era Jesus!

Entusiasmados com o que havia acontecido, os dois homens correram de volta a Jerusalém para contar aos outros discípulos o que haviam visto. Antes que eles pudessem dizer qualquer coisa, os discípulos gritaram "Jesus ressuscitou! Pedro o viu!".

Então os dois homens disseram aos outros discípulos que tinham encontrado Jesus também.

De repente, Jesus estava na sala. Ele sentou-se com todos os discípulos e explicou que logo eles teriam que dizer a todos que ele tinha morrido e ressuscitado, para que os pecados da humanidade pudessem ser perdoados.

O Milagre dos Peixes

João 21:6 E ele lhes disse: "Lancem a rede do lado direito do barco, e vocês encontrarão". Quando eles fizeram isso, eles não foram capazes de puxar a rede, tamanha era a quantidade de peixes.

Certa noite, na Galileia, Pedro foi pescar com Tiago, João, Tomé e alguns dos outros discípulos.

Mas a noite passou e o amanhecer chegou, e eles não haviam pescado um único peixe. Do outro lado da praia, um homem acenou com as mãos e chamou: "Lancem a rede do lado direito!".

Algo naquele homem fez os discípulos o obedecerem. Eles jogaram a rede à direita e na mesma hora ela se encheu de peixes.

"É Jesus!", João disse a Pedro. Pedro pulou na água e nadou! Quando chegou à praia, Jesus já estava assando alguns peixes.

"Tragam mais peixe!", disse Jesus, então Pedro voltou ao barco e ajudou a carregar a pesada rede até a praia.

Quando os discípulos contaram os peixes, havia cento e cinquenta e três! Os discípulos comeram o pão e o peixe que Jesus preparara, depois Pedro caminhou ao longo da costa com Jesus.

Por três vezes, Jesus fez a mesma pergunta a Pedro: "Pedro, você me ama?"

Pedro sentiu vergonha, lembrando-se de como negara Jesus três vezes. "Sim", respondeu Pedro, com tristeza.

"Então, cuide dos meus seguidores", disse Jesus.

Pedro percebeu que Jesus o tinha perdoado e tinha dado a ele um trabalho importante para fazer.

A Ascensão de Jesus

Atos 1:11 "Esse Jesus, que dentre vocês foi elevado aos céus, virá da mesma forma como vocês os viram partir".

Por quarenta dias, Jesus apareceu aos seus discípulos em ocasiões diversas. Ele parecia e estava diferente, mas não havia dúvida de que ele estava vivo. Ele comeu com os discípulos e conversou com eles como havia feito antes de ser crucificado. Ele ajudou os discípulos a entender sobre as escrituras muito mais do que eles haviam compreendido antes. E agora ele podia atravessar portas fechadas e aparecer ou desaparecer a qualquer momento.

No quadragésimo dia depois de ter subido ao jardim, ele caminhou com os discípulos até o Monte das Oliveiras. "Vocês devem contar a todos sobre tudo o que aconteceu", disse ele. "Vão e preguem o Evangelho por toda parte, e façam seus próprios discípulos, batizando-os em nome do Pai, do Filho e do Espírito Santo. Quando as pessoas entenderem porque eu sofri, morri e ressuscitei, elas terão a vida eterna".

Jesus ergueu as mãos para abençoá-los e falou mais uma vez. "Lembrem-se disso. Eu estarei sempre com vocês, assim como eu disse que estaria". Então ele foi elevado aos céus e desapareceu atrás de uma nuvem. Os discípulos voltaram para Jerusalém e iam ao templo todos os dias para agradecer a Deus pela vinda de Jesus.

Certa manhã, seis semanas depois, Jerusalém estava mais uma vez apinhada de peregrinos, pois todos vinham celebrar o festival de Pentecostes, em ação de graças pelas primeiras colheitas.

Algo estranho aconteceu. Os discípulos estavam em uma casa, quando um vento forte subitamente soprou pelos aposentos. Então, apenas por um instante, pequenas línguas de fogo pousaram sobre cada discípulo. O calor percorreu seus corpos e eles perceberam que este era o Espírito Santo, enviado dos céus para eles.

Uma grande multidão se reuniu do lado de fora da casa. As pessoas tinham visto e ouvido o vento e se perguntavam o que estava acontecendo. Os discípulos saíram, sentindo-se felizes pela primeira vez em semanas. O que aconteceu então foi ainda mais surpreendente. Todos na rua, não importando de que país tinham vindo, entendiam perfeitamente o que os discípulos estavam dizendo.

Você sabia?

Pentecostes é o nome grego para o Festival da Colheita Israelita. Quer dizer "quinquagésimo" e origina-se do fato de que a festa é realizada cinquenta dias depois da Páscoa.

A Igreja Primitiva

Atos 3:8 E, levantando-se, pôs-se em pé e caminhou. Entrou no templo com eles, andando e saltando, e louvando a Deus.

Pedro e os outros discípulos ensinaram a mais pessoas sobre Jesus, batizando-os como Jesus havia feito. Milhares de pessoas se tornaram novos discípulos e se encontravam nas casas um do outro para orar juntos. A felicidade deles se espalhou, e mais pessoas começaram a se juntar a elas.

Certa tarde, Pedro e João iam ao templo quando encontraram um mendigo aleijado. Ele sentava-se ao lado dos portões do templo todos os dias, pedindo: "Por favor, dê algum dinheiro para mim! Eu não posso andar! Preciso de dinheiro para comprar comida!".

Pedro e João pararam. Eles viam aquele homem todos os dias, mas ainda não haviam falado com ele. "Eu não tenho dinheiro para dar a você", disse Pedro, "mas eu lhe darei o que tenho. Em nome de Jesus Cristo, levante-se e ande!".

Pedro ajudou o mendigo a se levantar e, imediatamente, o mendigo sentiu a força fluir em seus pés e tornozelos. Ele soltou a mão de Pedro e começou a andar. Então ele começou a correr e pular, gritando: "Olha, eu posso andar! Como Deus é bom! Obrigado, Senhor!".

O mendigo correu pelo templo, onde todos que o conheciam ficaram surpresos ao vê-lo andando, correndo e louvando a Deus.

O Primeiro Mártir

Atos 7:60 Então ele caiu de joelhos e exclamou em voz alta: "Senhor, não os considere culpados deste pecado". E depois daquilo ele morreu.

Os discípulos ajudavam quem quer que pedisse ajuda, mas havia muito tempo que estavam se dedicando a cuidar dos necessitados, de forma que eles não tinham tempo suficiente para pregar e orar como Jesus lhes pedira.

Por fim, os discípulos escolheram sete homens para se encarregarem de distribuir os fundos arrecadados entre os que precisavam de ajuda.

Um dos homens chamados era Estêvão, que discutiu com os fariseus muito habilmente para provar que Jesus era o Messias. E isso os enfureceu. "Ele deve ser calado!", eles disseram. "Ele está indo contra a forma como seguimos a Deus há séculos".

Os fariseus fizeram falsas acusações contra ele e o levaram a julgamento.

Corajosamente, Estêvão se levantou diante dos fariseus e disse: "Vocês rejeitaram e mataram Jesus, o próprio filho de Deus". Isso irritou ainda mais os fariseus e eles ameaçaram matar Estêvão também.

Estêvão simplesmente disse: "Eu posso ver Jesus no céu, em pé ao lado de Deus". Dito isto, os líderes, incluindo um jovem fariseu chamado Saulo, arrastaram-no para fora da cidade. Eles pegaram pedras e as atiraram contra Estevão.

Caindo de joelhos, ele orou: "Senhor Jesus, leve-me a ti!".

Pouco antes de morrer, Estêvão disse: "Perdoe-os por este crime".

A Conversão de Saulo

Atos 9:4-5 "Saulo, Saulo, por que você me persegue?". "Diga-me, Senhor", ele perguntou, "Quem é você?". A voz respondeu: "Eu sou Jesus".

Saulo tinha orgulho de ser fariseu e estava determinado a impedir que as pessoas seguissem a Jesus. Um dia, ele partiu para Damasco para tentar capturar alguns dos apoiadores de Jesus e trazê-los de volta para Jerusalém. No caminho, uma luz ofuscante brilhou ao redor dele e o deixou cego.

De repente, ele ouviu uma voz: "Saulo, por que você está me atacando?" Aterrorizado, Saulo perguntou: "Quem é você?".

"Eu sou Jesus", veio a resposta. "Quando você ataca meus seguidores, você me ataca também".

"O que quer que eu faça, Senhor?", Saulo perguntou, seu ódio havia se acabado.

"Vá a Damasco e você saberá", disse Jesus.

Os homens que estavam acompanhando Saulo a Damasco ficaram intrigados e se perguntaram com quem Saulo conversava, porque embora pudessem ouvir uma voz, eles não viam ninguém por ali. Percebendo que ele estava incapaz de enxergar, os homens levaram Saulo para uma casa em Damasco, onde ele ficou por três dias, cego, sem comer e nem beber.

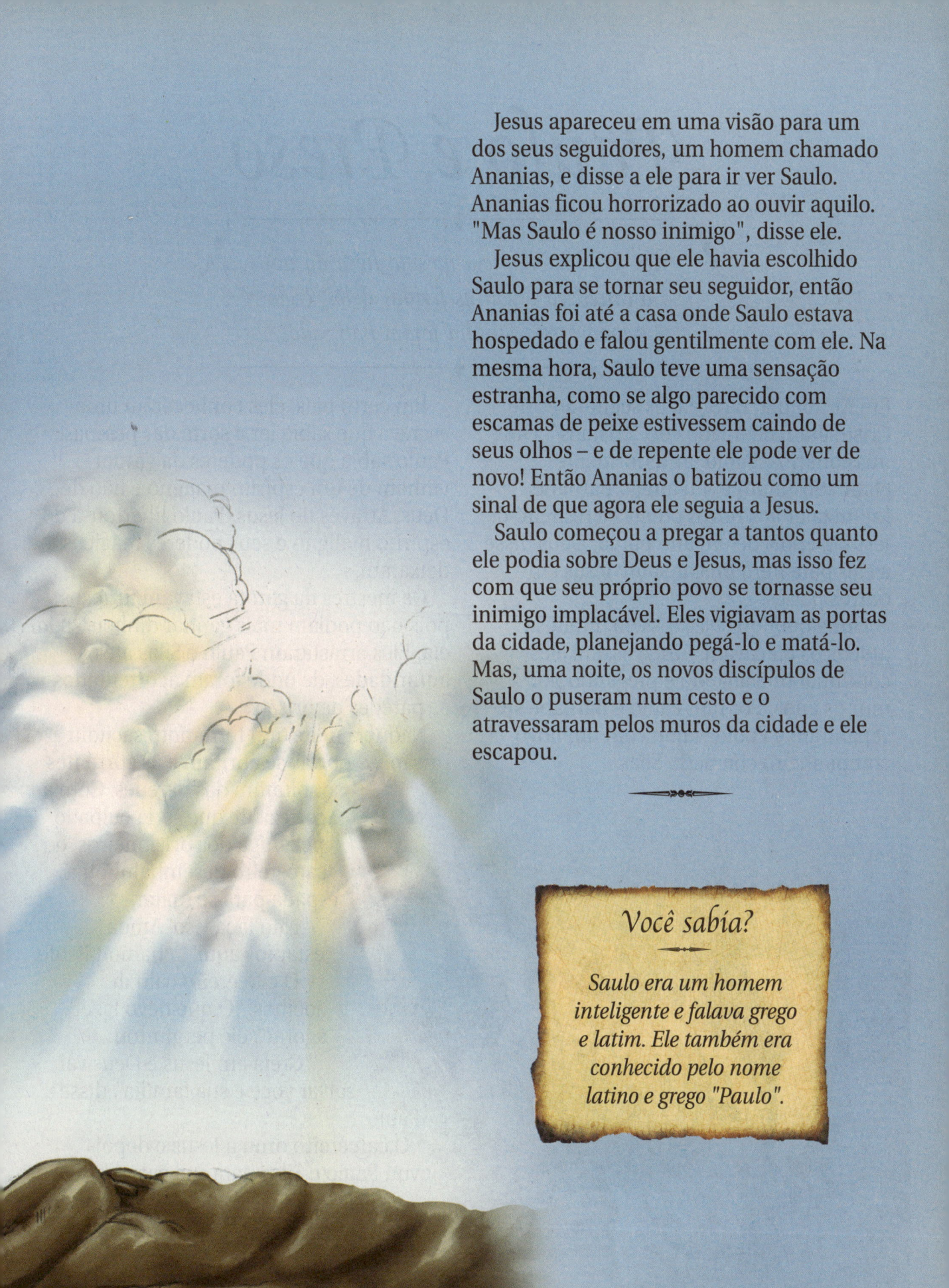

Jesus apareceu em uma visão para um dos seus seguidores, um homem chamado Ananias, e disse a ele para ir ver Saulo. Ananias ficou horrorizado ao ouvir aquilo. "Mas Saulo é nosso inimigo", disse ele.

Jesus explicou que ele havia escolhido Saulo para se tornar seu seguidor, então Ananias foi até a casa onde Saulo estava hospedado e falou gentilmente com ele. Na mesma hora, Saulo teve uma sensação estranha, como se algo parecido com escamas de peixe estivessem caindo de seus olhos – e de repente ele pode ver de novo! Então Ananias o batizou como um sinal de que agora ele seguia a Jesus.

Saulo começou a pregar a tantos quanto ele podia sobre Deus e Jesus, mas isso fez com que seu próprio povo se tornasse seu inimigo implacável. Eles vigiavam as portas da cidade, planejando pegá-lo e matá-lo. Mas, uma noite, os novos discípulos de Saulo o puseram num cesto e o atravessaram pelos muros da cidade e ele escapou.

Você sabia?

Saulo era um homem inteligente e falava grego e latim. Ele também era conhecido pelo nome latino e grego "Paulo".

Paulo é Preso

Atos 16:33 Naquela mesma hora da noite, o carcereiro lavou as feridas deles; e ele e toda a sua família foram batizados.

Em Antioquia, na Síria, os seguidores de Cristo eram chamados de "cristãos". Dois missionários, Paulo (anteriormente chamado Saulo) e seu amigo Barnabé, foram falar aos novos crentes a respeito de Jesus. Depois de um ano por lá, Deus disse a eles para irem pregar sobre Jesus em outros países.

Onde quer que eles fossem, muitos judeus os atacavam. Ainda assim, eles continuaram viajando e pregando por muitos anos. Por fim, Paulo e Barnabé se separaram e Paulo viajou com um novo companheiro chamado Silas.

Em certo país, eles conheceram uma escrava que sabia ler a sorte das pessoas. Paulo sabia que os poderes da garota vinham de um espírito maligno e não de Deus. Através de Jesus, Paulo libertou-a do espírito maligno e seus poderes mágicos a deixaram.

Os mestres da garota estavam furiosos, pois não podiam mais ganhar dinheiro com ela. Eles arrastaram Paulo e Silas até as autoridades, de onde foram acorrentados às paredes da prisão.

Naquela noite, um terremoto sacudiu a prisão. As portas se abriram e as correntes se soltaram das paredes. Com a certeza de que seria culpado pela fuga dos prisioneiros, o carcereiro desembainhou a espada para se matar.

"Não faça isso! Ainda estamos aqui!", chamou Paulo.

O carcereiro caiu de joelhos. "O que devo fazer agora?", ele perguntou.

"Creia em Jesus e Deus vai salvar você e sua família", disse Paulo.

O carcereiro orou a Jesus e depois levou Paulo e Silas para sua casa.

Náufragos

Atos 27:20 Por dias a fio não havia sinal de sol nem de estrelas, uma grande tempestade nos assolava e nossas últimas esperanças de sobreviver continuaram a desvanecer-se.

Anos mais tarde, enquanto pregava os ensinamentos de Jesus em Jerusalém, Paulo foi preso novamente. As pessoas suspeitavam dessa nova religião. Sabendo que era inocente, Paulo pediu que o imperador romano ouvisse seu caso. Como ele era um cidadão romano, seus captores não podiam negar a ele esse pedido.

Paulo foi enviado para Roma em um navio, vigiado por soldados romanos. Era outono e os ventos estavam muito fortes. Paulo disse ao capitão: "Não vá mais longe, ou todos enfrentaremos um desastre". Mas o capitão o ignorou.

Eles tinham acabado de zarpar quando uma violenta tempestade começou a se formar. O mar revolto açoitava os conveses e a tripulação lutou dias e noites para manter o navio a salvo.

Então Paulo reuniu todos. "Deus me disse que todos chegaremos a Roma", disse ele. "O navio será destruído, mas seremos todos salvos".

Duas semanas após o início da tempestade, os marinheiros ancoraram. Quando o sol começou a subir, eles avistaram uma praia desconhecida e tentaram guiar o navio em direção a ela. Mas, o navio ficou preso em um banco de areia e começou a quebrar, esmagado pela violência das ondas. Todos pularam no mar e nadaram até a praia, e todos chegaram a terra em segurança, assim como Deus havia dito a Paulo que seria.

As Cartas de Paulo

Romanos 12:21 Não se deixem vencer pelo mal, mas vençam o mal com o bem.

Onde quer que Paulo pregasse, aqueles que o ouviam se reuniam para formar uma igreja. Paulo escolheu líderes para essas novas igrejas e ensinou aos cristãos tudo o que ele sabia. Quando ele os deixou, Paulo escreveu cartas para incentivá-los a continuar ensinando a palavra de Jesus.

Quando Paulo esteve preso por pregar, ele tinha mais tempo para escrever suas cartas. Um dia, escreveu para seu amigo Filemom.

"Esta carta vem com o seu escravo, Onésimo. Ele fugiu de você e eu estou mandando-o de volta. Ele tem sido um grande conforto para mim na prisão e gostaria que ele pudesse ficar comigo, mas sei que ele será útil para você. Ele se tornou um cristão, o que significa que agora ele é seu irmão, assim como seu escravo, então, por favor, receba-o de volta. Se ele roubou algum dinheiro de você, eu vou lhe pagar de volta. Eu sei que você vai fazer o que eu pedir".

Filemom pensou em Paulo, acorrentado na prisão, e releu a carta. Então ele se virou para Onésimo e disse: "Seja bem-vindo!".

Uma das últimas cartas de Paulo foi para o seu velho amigo Timóteo. "Seja forte e enfrente as dificuldades como Jesus. Não fique tentado com o que você sabe, mas seja sempre justo, honesto, pacífico e carinhoso".

Deus Mostra o Caminho a Pedro

Atos 10:14-15 Pedro disse: "De modo nenhum, Senhor; porque nunca comi algo impuro ou imundo". E a voz falou com ele uma segunda vez: "O que Deus purificou, não chamarás de impuro".

Um dia, Pedro teve um sonho. Animais estavam descendo do céu e Deus disse a Pedro para matar um deles para o jantar. Quando Pedro viu que os animais eram todos aqueles proibidos pelas leis judaicas, ele disse: "Ah, não! Eu nunca comi um animal impuro na minha vida!".

"Tudo o que faço é bom, Pedro", disse Deus.

Isso aconteceu três vezes e Pedro acordou. Ele estava tentando descobrir o que seu sonho significava, quando se lembrou que estava se encontrando com Cornélio, um centurião romano, que queria aprender mais sobre Jesus.

Os judeus não podiam se misturar com estrangeiros, mas Pedro se lembrava de seu sonho. Agora ele entendeu – aos olhos de Deus não há diferenças entre as pessoas.

Cornélio adorou a Deus e foi gentil com os pobres. No dia anterior ao sonho de Pedro, um anjo lhe apareceu, dizendo para mandar chamar Pedro, para que o ensinasse mais.

Quando Pedro chegou a sua casa, Cornélio caiu de joelhos, mas Pedro disse: "Não se ajoelhe. Eu sou igual a você". Então Pedro pregou para todas as pessoas lá reunidas, dizendo: "Todos são iguais aos olhos de Deus".

A Visão de João

Apocalipse 21:21 As doze portas eram doze pérolas, cada porta feita de uma única pérola. As ruas da cidade eram de ouro puro, como vidro translúcido.

Muitos cristãos foram punidos por serem seguidores de Jesus. Um deles, João, foi preso por pregar o Evangelho e foi enviado para viver na pequena Ilha de Patmos, na Grécia.

João agora estava velho e sozinho, mas ele ainda amava e adorava a Jesus.

Um dia, João ouviu uma voz. Ele viu Jesus cercado por sete candelabros de ouro. Na sua mão direita, Jesus segurava sete estrelas.

"Não tenha medo", disse Jesus. "Eu estava morto, mas agora estou vivo para sempre. Estas sete estrelas e os sete castiçais representam sete igrejas. Eu tenho uma mensagem para cada uma delas".

As igrejas, que estavam na província romana da Ásia, ficavam em cidades diferentes, ligadas por uma estrada importante através das áreas mais ricas e mais movimentadas da região.

João escreveu as cartas para as sete igrejas, conforme Jesus lhe disse: "Eu sei que vocês não abandonaram sua fé, mas alguns de vocês não me amam tanto quanto vocês, e vocês começaram a fazer algumas coisas erradas. Parem com isso e ouçam o meu Espírito Santo".

A sétima carta, para a igreja na cidade de Laodiceia, era semelhante às seis primeiras, mas Jesus falou mais severamente: "Vocês pensam que são fortes e poderosos, mas na verdade são pobres e fracos, porque não confiam em mim. Voltem para mim e eu darei tudo o que vocês precisam. Eu estou sempre à porta. Abram a porta e deixem-me entrar".

Depois disso, Jesus mostrou a João como é o céu. João viu alguém brilhando como joias preciosas, sentado em um trono de vidro e ouro reluzentes. Um arco-íris brilhante se curvava ao redor do trono e sete lâmpadas de fogo o rodeavam.

João percebeu que, por mais que o imperador romano ou outros governantes tentassem ferir os cristãos, Deus estava realmente no controle de todas as coisas.

Então, Jesus mostrou a João uma linda noiva a caminho de seu casamento. Ele disse: "Toda tristeza desapareceu. Deus enxugará suas lágrimas".

Finalmente, Jesus mostrou a João uma cidade iluminada e brilhante, com ruas douradas, portões de pérola e um rio de cristal. Deus e Jesus estavam lá, brilhando ainda mais que as luzes da cidade.

João entendeu que ele estava vendo o começo de um novo mundo, aquele que Jesus tinha feito livre do pecado.

Jesus falou mais uma vez: "Não haverá mais morte, tristeza, choro ou dor. A Cidade Santa não precisa do sol ou da lua porque a glória de Deus brilha sobre ela".

Você sabia?

Esta história é a razão pela qual algumas pessoas chamam a entrada do céu de "os portões de pérola".

Pessoas e Lugares

Arão Irmão de Moisés e orador persuasivo.

Abede-Nego Um dos três jovens que foram jogados em uma fornalha pelo rei Nabucodonosor, mas foram salvos por Deus.

Abel O segundo filho de Adão e Eva. Ele foi morto por seu irmão Caim, por inveja.

Abigail A esposa de Nabal. Após a morte de Nabal, ela se casou com Davi.

Abimeleque Filho de Gideão. Ele matou seus irmãos e se proclamou rei, mas foi morto em uma rebelião.

Abraão O antepassado dos israelitas. Ele era o marido de Sara e pai de Isaque.

Absalão O terceiro filho do rei Davi. Ele se rebelou contra o pai e depois foi morto pelos soldados de Davi.

Acabe Um dos reis de Israel, marido de Jezabel.

Acazias, rei de Judá, filho da rainha Atalia e pai do rei Joás.

Adão O primeiro ser humano criado por Deus. Ele morou no Jardim do Éden.

Adonias O quarto filho do rei Davi. Ele tentou tomar o trono e acabou sendo morto por seu irmão, o rei Salomão.

Ai Cidade capturada pelos israelitas sob o comando de Josué.

Amonitas Os descendentes de Ben-Ami, filho de Ló. Eles eram inimigos dos israelitas.

Amós O mais antigo dos profetas cujas palavras estão contidas em um livro da Bíblia.

Anrão O pai de Moisés, Arão e Miriã.

Ana A esposa de Elcana e mãe de Samuel.

André Um dos primeiros discípulos de Jesus e um dos doze apóstolos. Ele era irmão de Simão Pedro e, como ele, um pescador.

Antioquia Uma antiga cidade no que é hoje o sudeste da Turquia.

Arquelau Um dos filhos de Herodes, o Grande, que se tornou o governante da Judeia depois da morte de Herodes.

Ásia Província romana no que é hoje a Turquia ocidental.

Assíria Antigo e poderoso reino no norte da Mesopotâmia (atual Iraque).

Atalia A filha do rei Acabe e da rainha Jezabel de Israel. Ela se casou com o rei Jeorão, de Judá.

Baal Deus cananeu.

Babilônia Poderoso e antigo reino no sul da Mesopotâmia (atual Iraque).

Babilônia Antiga cidade no sul da Mesopotâmia (atual Iraque).

Balaão Profeta enviado por Balaque para amaldiçoar os israelitas.

Balaque Rei de Moabe.

Baraque Líder militar israelita

que derrotou as forças cananeias sob o comando de Sísera.

Barnabé Um dos primeiros cristãos. Viajou com Paulo.

Barrabás Bandido que foi libertado no lugar de Jesus, por Pôncio Pilatos.

Bartolomeu Um dos primeiros discípulos de Jesus e um dos doze apóstolos.

Bate-Seba A esposa de Urias, comandante do exército do rei Davi. Davi causou a morte de Urias para se casar com ela.

Belém Cidade perto de Jerusalém, onde Jesus e o rei Davi nasceram. Boaz e Rute moraram lá.

Belsazar Último rei da Babilônia.

Benjamim O filho mais novo de Jacó. *Também*: o nome da tribo descendente de Benjamim.

Betânia Aldeia perto de Jerusalém, onde Marta, Maria e Lázaro viveram.

Betel Cidade perto de Jerusalém. Seu nome significa "a casa de Deus".

Betuel Sobrinho de Abraão. Sua filha Rebeca se casou com Isaque, o filho de Abraão.

Boaz Gentil proprietário de terras que ajudou Rute e Noemi e casou-se com Rute.

Cafarnaum Cidade às margens do mar da Galileia.

Caifás O sumo sacerdote judeu que provocou a morte de Jesus.

Caim O primeiro filho de Adão e Eva. Ele matou seu irmão Abel.

Calebe Líder israelita na época de Moisés. Ele tinha inabalável fé em Deus.

Caná Aldeia na Galileia, onde Jesus realizou em um casamento seu primeiro milagre.

Canaã A terra que Deus prometeu aos israelitas descendentes de Abraão, Isaque e Jacó. Aproximadamente ocuparia Israel e Palestina nos dias de hoje.

Cananeus O povo que vivia em Canaã antes dos israelitas ocuparem o seu território.

César Augusto O imperador romano na época do nascimento de Jesus.

Coate O pai de Anrão.

Cornélio Centurião romano visitado por Pedro.

Dagon Deus filisteu.

Dalila A segunda esposa de Sansão. Ela foi subornada pelos filisteus para descobrir o segredo da força de Sansão.

Damasco Cidade antiga, hoje capital da Síria.

Daniel Judeu cativo na Babilônia. Ele foi jogado em uma cova de leões, mas Deus o salvou.

Dario Rei dos medos e persas que conquistou a Babilônia.

Davi O segundo rei de Israel. Quando jovem, ele matou o gigante filisteu, Golias.

Débora Profetisa e líder israelita.

Éden O jardim criado por Deus para Adão e Eva.

Elcana O pai de Samuel.

Eleazar O pai de Fineias.

Eli Sacerdote em Siló.

Elias Profeta de Israel. Ele se opôs ao rei Acabe e à rainha Jezabel.

Eliseu Profeta de Israel. Foi o sucessor de Elias.

Emaús Uma aldeia perto de Jerusalém.

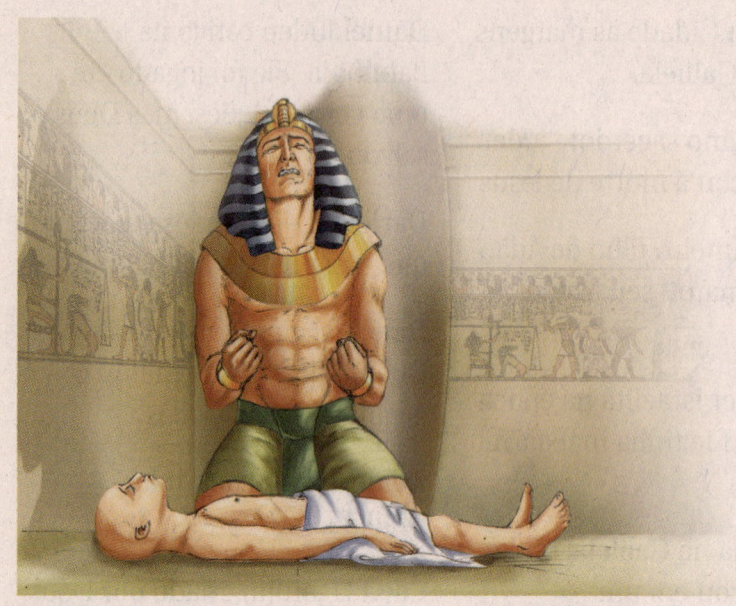

Esaú O filho mais velho de Isaque e irmão de Jacó.

Esdras Mestre da Lei de Moisés.

Ester Esposa judia do rei persa Xerxes. Ela salvou os judeus de uma trama perigosa.

Eva A primeira mulher criada por Deus. Deus a fez sair da costela de Adão.

Ezequias Rei de Judá.

Ezequiel Profeta israelita na Babilônia.

Faraó Título dado aos reis do antigo Egito.

Fariseus Membros do grupo dos mestres religiosos judeus que seguiam estritamente as leis de Moisés.

Fenícia País ao norte de Israel, na costa do Mar Mediterrâneo.

Filemom O proprietário do escravo Onésimo, a quem Paulo escreveu uma carta para interceder em nome de Onésimo.

Filipe Um dos primeiros discípulos de Jesus e um dos doze apóstolos.

Filisteus Pessoas que ocuparam a região costeira de Canaã.

Fineias O filho de Eleazar e neto de Arão. Ele liderou um ataque contra os midianitas. *Além disso*: filho de Eli, sacerdote de Siló que morreu quando os filisteus capturaram a Arca da Aliança.

Gabriel O arcanjo que predisse os nascimentos de Jesus e João a Maria e Isabel.

Gade O sétimo filho de Jacó. *Também*: o nome da tribo descendente de Gade.

Galileia Região do norte de Israel, a oeste do mar da Galileia.

Gibeom Cidade cananeia.

Gideão Líder militar que salvou Israel dos midianitas.

Gileade Território no lado leste do rio Jordão, ocupado pelas tribos de Gade, Rúben e Manassés.

Gilgal Lugar perto de Jericó, onde os israelitas acamparam depois de atravessar o Jordão.

Gólgota Monte perto de Jerusalém, onde Jesus foi crucificado.

Golias O guerreiro e gigante filisteu morto por Davi.

Gômer A esposa infiel do profeta Oseias.

Gomorra Cidade antiga destruída, com Sodoma, por causa de sua maldade.

Hades Na mitologia antiga, o lugar para onde as pessoas vão quando morrem.

Hagar A escrava egípcia de Sara e a mãe de Ismael.

Hamã Oficial poderoso na corte de Xerxes. Ester expôs seu plano para matar todos os judeus no Império Persa.

Hebrom Cidade antiga, hoje Palestina.

Herodes O nome de vários reis da Judeia. Herodes, o Grande, foi visitado pelos reis magos. Herodes Antipas foi o marido de Herodias.

Herodias A segunda esposa de Herodes Antipas e a mãe de Salomé. Ela disse a Salomé para pedir a Herodes a cabeça de João Batista.

Hirão O rei de Tiro. Ele forneceu madeira ao rei Salomão para a construção do Templo.

Isabel A mãe de João Batista.

Isaías Profeta israelita, especialmente conhecido por suas profecias sobre o Messias.

Isaque O filho de Abraão e Sara e pai de Esaú e Jacó.

Ismael O filho de Abraão e da escrava de Sara, Hagar.

Israel O nome dado a Jacó por Deus. Significa "ele luta com Deus". *Também*: o nome dado aos israelitas.

Israelitas As tribos descendentes dos filhos de Jacó.

Jacó O segundo filho de Isaque e irmão de Esaú. Os israelitas são descendentes de seus filhos.

Jael A mulher que matou Sísera.

Jairo O pai de uma menina que foi trazida de volta à vida por Jesus.

Jardim do Getsêmani Jardim no Monte das Oliveiras. Jesus esteve lá para orar antes de ser capturado e crucificado.

Jeoseba A esposa de Joiada e tia de Joás. Ela e Joiada esconderam Joás de Atalia.

Jeremias Profeta israelita.

Jericó Antiga cidade da Palestina. Foi a primeira cidade cananeia tomada pelos israelitas.

Jeroboão O primeiro rei do reino norte separado de Israel.

Jerusalém Antiga cidade cananeia. O rei Davi tomou-a e transformou-a em sua capital.

Jessé O pai do rei Davi.

Jesus O Messias. Ele é o filho de Maria.

Jetro O sogro de Moisés.

Jezabel A esposa do rei Acabe de Israel.

Jó Homem rico e justo que sofreu as provações de Satanás.

Joabe Comandante do exército do rei Davi.

João Batista O precursor de Jesus e quem o batizou no rio Jordão.

João Um dos primeiros discípulos de Jesus e um dos doze apóstolos. Ele e seus irmãos eram pescadores. Ele escreveu o quarto Evangelho e três cartas incluídas no Novo Testamento. *Também*: o autor do livro do Apocalipse. Provavelmente não é o mesmo João autor dos Evangelhos.

Joás Rei de Judá. Protegido por sua tia, Jeoseba, ele se tornou rei depois de Atalia.

Joiada O marido de Jeoseba e o sumo sacerdote que liderou a revolta contra Atalia.

Jonas Profeta que tentou fugir de Deus e foi engolido por um peixe grande.

Jônatas Filho do rei Saul e amigo de Davi.

Joquebede A mãe de Arão, Moisés e Miriã.

Jordânia Rio que corre entre o Mar da Galileia e o Mar Morto.

José O décimo primeiro filho de Jacó. Foi vendido como escravo ao Egito, pelos seus irmãos. *Também*: o marido de Maria, a mãe de Jesus.

Josué O sucessor de Moisés como líder dos israelitas.

Jotão O mais novo dos setenta filhos de Gideão.

Judá Quarto filho de Jacó. *Também*: o nome da tribo descendente de Judá. *Também*: o reino do sul de Israel após a época do rei Salomão.

Judas Iscariotes O discípulo que traiu Jesus.

Judeia No tempo de Jesus, a terra a oeste do rio Jordão.

Labão O pai de Lia e Raquel e o sogro de Jacó.

Lago da Galileia *ou* Mar da Galileia.

Laodiceia Cidade na província romana da Ásia (atualmente oeste da Turquia).

Lázaro Mendigo doente que aparece em uma das parábolas de Jesus. *Além disso*: o irmão de Maria e Marta, o qual Jesus ressuscitou dos mortos.

Lia A filha mais velha de Labão. É a primeira esposa de Jacó.

Levita Membro da tribo israelita descendente de Levi, terceiro filho de Jacó. Eles agiam como sacerdotes assistentes.

Líbano Uma cordilheira situada no que é hoje a República do Líbano.

Ló O sobrinho de Abraão.

Lucas Discípulo cristão. Ele escreveu o terceiro Evangelho e os Atos dos Apóstolos.

Manassés O filho mais velho de José e neto de Jacó. *Também*: o nome da tribo descendente de Manassés, que ocupava a terra nos lados leste e oeste do rio Jordão.

Mar da Galileia Grande lago no norte de Israel.

Mar Morto Grande corpo de água entre os atuais Israel e Jordânia.

Mar Vermelho Uma área de mar entre os atuais Egito, Sudão e Arábia Saudita.

Marcos Discípulo cristão. Autor do segundo Evangelho.

Mardoqueu O primo e guardião de Ester.

Maria a mãe de Jesus. *Também*: a irmã de Lázaro e Marta.

Maria Madalena Mulher que Jesus curou de ser possuída por demônios.

Marta A irmã de Maria e Lázaro.

Mateus Um dos primeiros discípulos de Jesus e um dos doze apóstolos. Ele era um coletor de impostos e escreveu o primeiro Evangelho.

Mesaque Um dos três jovens que foram jogados em uma fornalha pelo rei Nabucodonosor, mas foram salvos por Deus.

Mesopotâmia A terra entre os rios Tigre e Eufrates (agora no leste do Iraque).

Mical Filha do rei Saul, que se tornou esposa de Davi.

Midianitas Pessoas que vivem em Midiã, a leste da parte norte do Mar Vermelho. Eles eram descendentes de Midiã, filho de Abraão.

Miqueias Profeta israelita.

Miriã A irmã de Moisés e Arão.

Moabe Antigo reino a leste do Mar Morto. Os moabitas eram descendentes de Ló.

Moisés O profeta que conduziu os israelitas para fora do Egito e recebeu os Dez Mandamentos de Deus.

Montanhas de Abarim Cordilheira ao leste do Mar Morto.

Montanhas de Ararate Montanha no leste da Turquia. Tradicionalmente conhecido como o lugar onde a Arca de Noé parou após o Dilúvio.

Monte das Oliveiras Colina perto de Jerusalém.

Monte Gilboa Cenário de uma batalha entre os israelitas e os filisteus, onde o rei Saul e três dos seus filhos foram mortos.

Monte Nebo A montanha da qual Moisés avistou Canaã antes de morrer.

Monte Sinai A montanha no Sinai onde Moisés recebeu os Dez Mandamentos.

Moriá A terra para a qual Abraão viajou para sacrificar Isaque. É possivelmente a região em que Jerusalém se encontra agora.

Nabal O marido de Abigail. Ele se recusou a alimentar Davi e seus soldados.

Nabote Um homem que foi executado sob falsas acusações para que o rei Acabe pudesse ter sua vinha.

Nabucodonosor Rei da Babilônia no século VI a.C. e que conquistou Jerusalém.

Naor Irmão de Abraão.

Naomi A sogra de Rute.

Natã Profeta durante os reinados do rei Davi e do rei Salomão.

Nazaré Cidade na Galileia (agora no norte de Israel), a casa de Jesus quando ele cresceu.

Neemias Líder israelita do século V a.C., sob cuja liderança os muros de Jerusalém foram reconstruídos.

Nínive A antiga capital da Assíria, no rio Tigre (agora no norte do Iraque).

Node A terra para a qual Deus baniu Caim como punição por matar Abel.

Noé O homem que construiu uma arca na qual ele, sua família e os animais de todas as espécies sobreviveram ao Dilúvio.

Onésimo O escravo de Filemom.

Orpa Mulher moabita e uma das noras de Noemi.

Oseias Profeta israelita e marido de Gômer.

Patmos A ilha ao largo da costa sudoeste da Turquia moderna, onde João recebeu as visões do Apocalipse.

Paulo Homem judeu que era o inimigo dos primeiros cristãos até que ele mesmo se tornou cristão e se tornou divulgador da fé cristã. Também, Saulo, seu nome antes de seguir os caminhos de Jesus.

Pedro Também chamado Simão Pedro.

Peniel Lugar onde Jacó lutou com Deus, pensando que Ele era um homem.

Pôncio Pilatos O governador romano da Judeia que ordenou a execução de Jesus.

Potifar O oficial egípcio a quem José foi vendido como escravo.

Quetura A segunda esposa de Abraão.

Quisom Rio em Israel. Corre para o Mar Mediterrâneo na moderna cidade de Haifa.

Raabe Uma mulher de Jericó que escondeu os espiões de Josué e foi poupada quando os israelitas tomaram a cidade.

Rainha de Sabá A rainha de um reino antigo (provavelmente no atual Iêmen) que veio visitar Salomão.

Raquel A esposa favorita de Jacó, a mãe de José e Benjamim.

Rebeca A irmã de Labão. Ela se tornou a esposa de Isaque e a mãe de Esaú e Jacó.

Rúben O filho mais velho de Jacó. *Também*: o nome da tribo descendente de Rúben.

Roboão Filho do rei Salomão e que se tornou o primeiro rei de Judá.

Rute Moabita, nora de Noemi e casada com Boaz. Ela era uma ancestral do rei Davi.

Sabá Um reino antigo (provavelmente no atual Iêmen).

Salmaneser Rei da Assíria que conquistou o reino do norte de Israel.

Salomão Rei de Israel. Ele era filho do rei Davi e Bate-Seba e ficou famoso por sua sabedoria.

Salomé A filha de Herodias. Ela pediu a Herodes a cabeça de João Batista.

Samaria A capital do reino do norte de Israel.

Samaritano Habitante da região de Samaria.

Samuel Profeta israelita. Ele ungiu Saul e Davi como reis.

Sansão Juiz e herói de Israel, famoso por sua grande força.

Sara A esposa de Abraão e mãe de Isaque.

Sarepta Cidade costeira, hoje no Líbano, onde o profeta Elias trouxe o filho de uma viúva de volta à vida.

Satanás O Diabo, um espírito maligno.

Saul O primeiro rei de Israel. *Também*: o nome original do apóstolo Paulo.

Senaqueribe Rei da Assíria que conquistou Babilônia e Judá.

Sadraque Um dos três jovens que foram jogados em uma fornalha pelo rei Nabucodonosor, mas foram salvos por Deus.

Silas Cristão que acompanhou Paulo em suas viagens missionárias.

Siló Cidade a cerca de trinta quilômetros ao norte de Jerusalém.

Simão Pedro Um dos primeiros discípulos de Jesus e um dos doze apóstolos. Ele e seu irmão André eram pescadores. Jesus deu a Simão o apelido de "Pedro", que significa "rocha" ou "pedra". Ele escreveu duas cartas que estão incluídas no Novo Testamento.

Simeão O segundo filho de Jacó. *Também*: o nome da tribo descendente de Simeão.

Sinai Porção de terra no nordeste do Egito, no extremo norte do Mar Vermelho.

Siquém Cidade da antiga Palestina, perto da cidade de Samaria.

Sísera Comandante do exército cananeu do rei Jabim. Foi morto por Jael.

Sodoma Cidade antiga destruída junto com Gomorra por causa de sua maldade.

Tadeu Um dos primeiros discípulos de Jesus e um dos doze apóstolos.

Terra Prometida A terra que Deus prometeu que daria aos descendentes de Abraão, Isaque e Jacó.

Tiago Um dos primeiros discípulos de Jesus e um dos doze apóstolos. Ele e seu irmão João eram pescadores. *Também*: o nome de outro dos doze apóstolos. *Também*: um irmão de Jesus.

Timóteo Companheiro do apóstolo Paulo, a quem Paulo escreveu duas cartas incluídas no Novo Testamento.

Tiro Cidade na costa do Mediterrâneo (agora no Líbano).

Tomé Um dos primeiros discípulos de Jesus e um dos doze apóstolos.

Torre de Babel A torre construída pelo povo de Babel (ou Babilônia), com a qual eles pretendiam alcançar o céu.

Urias O primeiro marido de Bate-Seba. Ele era um oficial no exército de Davi.

Xerxes Rei da Pérsia e marido de Ester.

Zacarias Profeta israelita. *Também*: o pai de João Batista.

Zadoque sacerdote que ungiu o rei Salomão.

Glossário

adoração Louvar e orar a Deus, ou o ato de fazer isso.

adultério Ser infiel a um marido ou esposa.

alma Uma parte de uma pessoa que permanece viva depois da morte.

altar Uma mesa ou plataforma onde as pessoas fazem oferendas a Deus ou a um deus.

anjo Um mensageiro de Deus, muitas vezes retratado como uma pessoa com um manto branco e asas.

antepassado Uma pessoa de quem você é descendente.

Antigo Testamento A primeira parte da Bíblia, que conta a história da criação do mundo e da história do povo judeu.

apóstolo Uma pessoa que acredita em algo e fala para outras pessoas sobre aquilo. Os doze discípulos de Jesus são também chamados os doze apóstolos.

Arca da Aliança Uma arca contendo as duas tábuas de pedra nas quais foram escritos os Dez Mandamentos.

arca O grande barco no qual Noé, sua família e animais de todas as espécies sobreviveram ao Dilúvio.

arcanjo Anjo superior ou chefe dos anjos.

árvore da vida Uma árvore no Jardim do Éden cujo fruto faria as pessoas viverem para sempre.

árvore do conhecimento do bem e do mal Uma árvore no Jardim do Éden, cujo fruto daria às pessoas conhecimento sobre o certo e o errado.

Atos Livro escrito por Lucas, contando a história dos primórdios da igreja cristã.

banir Mandar alguém ir viver num lugar distante, como punição.

banquete Uma refeição para a qual muitas pessoas são convidadas e na qual são oferecidas muitas comidas e bebidas.

batismo Cerimônia em que uma pessoa é mergulhada ou ungida com água, por exemplo, a fim de se tornar um membro da igreja cristã.

centurião Um oficial do exército romano.

céu Lugar além da terra onde Deus, os anjos e os espíritos das pessoas boas vivem após a morte.

codorna Pequena ave.

concubina Mulher que vive com um homem, mas não é casada com ele.

copeiro Pessoa que serve vinho a um rei, e muitas vezes também se torna um conselheiro importante e confiável.

corvo Ave de cor preta da família dos abutres.

crucificação O ato de crucificar alguém, colocar em uma cruz.

crucificar Pregar ou amarrar as mãos e pés de uma pessoa a uma grande cruz de madeira, para que ela morra.

demônio Um espírito maligno.

descendente O oposto de "ancestral". Se alguém é seu ancestral, você é seu descendente.

Dez Mandamentos As leis que Deus deu a Moisés, escritas em tábuas de pedra.

discípulo Um seguidor dos ensinamentos de outra pessoa. Jesus tinha muitos discípulos, mas doze foram especiais e também ficaram conhecidos como apóstolos.

escravo Alguém que pertence a outra pessoa e que deve trabalhar para ela.

escriba Mestre das leis.

Escrituras Os escritos sagrados de uma religião.

espírito A alma de uma pessoa. *Também*: o espírito de Deus, o Espírito Santo.

Espírito Santo Deus em ação no mundo.

eterno Que dura para sempre.

Evangelho Um registro escrito da vida, ensinamentos e morte de Jesus. "Evangelho" significa "boas notícias" ou "boas-novas".

exilado Uma pessoa que é forçada a viver separada das outras pessoas.

Êxodo A saída dos israelitas do Egito sob a liderança de Moisés.

faiança Um tipo de cerâmica.

feitiçaria O uso de feitiços mágicos.

feitor Alguém cuja ocupação é garantir que os escravos façam seu trabalho pesado.

fome A falta de alimentos que afeta uma grande área de terra e muitas pessoas.

fundamental Básico ou mais importante.

gafanhoto Inseto que voa ou rasteja. Em grupo pode se alimentar de plantações, destruindo-as completamente.

governador Pessoa que governa um país ou cidade em nome de um rei ou imperador.

herdeiro Pessoa que recebe o dinheiro ou a propriedade de alguém que morreu.

hipócrita Pessoa que finge ter crenças morais ou religiosas que realmente não têm.

ídolo Um objeto ou imagem representando um deus ou deusa.

inconsolável Impossível de consolar ou ser consolado.

jejum Período de tempo durante o qual, por motivos religiosos, a pessoa não come nem bebe.

juiz Um líder israelita, ou muitas vezes um líder militar.

junco Uma planta de haste longa encontrada em rios e lagos.

lepra Doença grave que afeta a pele, mãos, pés e músculos.

maná A comida especial que caiu do céu e salvou Moisés e os israelitas no deserto.

mandamento Uma ordem; algo que é dito para ser feito, especialmente por Deus.

mártir Alguém que sofre ou morre por algo em que acredita.

memorial Algo construído em memória de uma pessoa ou acontecimento.

Messias Alguém enviado por Deus para libertar as pessoas do mal e trazer um mundo melhor. Para os cristãos, Jesus Cristo é o Messias.

milagre Um acontecimento extraordinário causado por Deus.

missionário Alguém que viaja, muitas vezes para lugares distantes, para falar às pessoas sobre Jesus.

nazireu Pessoa cuja vida é dedicada a Deus. Não corta o cabelo nem bebe álcool.

Novo Testamento A segunda parte da Bíblia, contendo os ensinamentos de Jesus Cristo e a história dos primórdios da igreja cristã.

Pai-Nosso A oração que Jesus ensinou aos seus discípulos. Também é conhecido como o Nosso Pai ou o Padre Nosso.

parábola Uma história curta e simples que ensina uma lição religiosa ou moral.

Paraíso Também conhecido como céus.

parteira Mulher que ajuda outra mulher a dar à luz um bebê.

Páscoa Festival judaico que celebra o Êxodo dos israelitas do Egito.

pastor Pessoa que cuida de grandes rebanhos de animais, como vacas ou ovelhas.

patriarca Grandes homens, como Abraão e Noé, que eram os ancestrais dos israelitas. Ou homens chefes de famílias.

pecado Algo que você sabe que Deus não quer que você faça.

Pentecostes Um dia santo celebrado pelos judeus cinquenta dias depois da Páscoa e que para os cristãos é comemorado no sétimo domingo depois da Páscoa.

peregrinação Uma viagem geralmente longa até um lugar sagrado.

perseguição Maus-tratos que uma pessoa recebe por causa de sua nacionalidade, raça, crenças, etc.

pomba Ave branca da família dos pombos. Representa o símbolo da paz.

praga Uma doença grave ou desastre que afeta muitas pessoas.

pródigo Aquele que usa mal o dinheiro, que não economiza.

profecia Mensagem de Deus, muitas vezes descreve o que vai acontecer no futuro.

profeta Alguém capaz de transmitir aos outros uma mensagem de Deus.

proibido Aquilo que não é permitido.

querubim Um tipo de anjo, descrito na Bíblia como uma criatura alada, mas hoje em dia muitas vezes retratado como uma criança.

refém Pessoa que é mantida em cativeiro por seu captor.

religião Crenças sobre Deus e adoração a Deus.

ressurreição Voltar a vida depois da morte.

revelação Uma mensagem de Deus.

rituais Ações realizadas como parte da adoração.

Sábado O dia da semana dedicado ao descanso e adoração para os judeus. Mas para a maioria dos cristãos é o domingo.

sacerdote Uma pessoa que lidera os rituais de adoração e oferece sacrifícios.

sacrifício Oferecer algo, como um animal, a Deus como um ato de adoração. *Também*: algo que é oferecido dessa maneira.

salmo Uma canção religiosa. O rei Davi escreveu muitos Salmos.

salvador Alguém ou um deus que salva pessoas de serem punidas por seus pecados. Os cristãos acreditam que Jesus é seu salvador.

santificado Aquilo que é tratado como sagrado.

sequestrar Tirar alguém de sua família e mantê-lo prisioneiro em outro lugar.

serafim Um tipo de anjo.

Sermão da Montanha Um dos primeiros e mais importantes sermões que Jesus deu aos seus discípulos.

sermão Um discurso que ensina sobre condutas religiosas ou morais ou explica o significado de alguma passagem da Bíblia.

sinagoga Lugar onde os judeus adoram e fazem seus rituais religiosos.

sumo sacerdote O sacerdote principal.

tentação Querer fazer ou ter algo que você sabe que não deve. *Também*: na oração do Pai-Nosso, uma situação difícil em que a fé e a coragem são postas à prova.

traição Um grave ato de desobediência a um governo ou uma ação que traz danos ao seu país.

traiçoeiro Aquele que finge ser amigo.

transgressão Entrar em uma área onde você não deveria estar ou praticar ação contra normas e leis. *Também*: na oração do Pai-Nosso, fazer mal a alguém.

unção Colocar óleo especial ou água benta na cabeça de uma pessoa como parte de uma cerimônia, por exemplo, quando ele se torna um rei.

vaidade Ter muito orgulho, praticamente o oposto de humildade.

Índice

A

Arão 41, 42, 45, 46, 47, 50, 51, 52, 54
abate 111
Abede-Nego 102, 103
Abel 14, 15
abençoado 11, 31, 55, 69, 74, 77, 115, 142, 178
Abigail 77
Abimeleque 65
Abraão 19, 20, 21, 22, 23, 24, 25, 26, 27, 29, 53, 56, 156, 157
Absalão 80, 81
Acabe 87, 88, 90
Acácia 57
Acazias 92
Adão 6, 11, 13, 15
Adonias 81
agricultor 15
Ai 60
aleijado 182
Aliança 54, 58, 59, 71, 78, 85
altar 21, 25, 47, 51, 62, 85, 87, 90, 114
Amonita 73
Amós 94, 95
Anrão 42
Ana, 69
Ananias 185
André 127, 136
anjo 22, 25, 26, 53, 55, 64, 66, 103, 106, 114, 115, 117, 119, 120, 161, 189
Anjo da Morte 161
Antigo Testamento 112, 164, 165
Antioquia 186
Apocalipse 113, 190
arca 16
Arca da Aliança 54, 58, 59, 71, 78, 85
arco-íris 17, 108, 191
Arquelau 120
arrependimento 152
árvore da vida 13
árvore do conhecimento do bem e do mal 13
Ascensão 180
Ásia 191
assassinato 49, 173
Assíria 93, 97
Atalia 92
Atos 112, 180, 182, 183, 184, 186, 187, 189
Augusto, César 117

B

Baal 87, 90
Babel 18
Babilônia 102, 105, 108, 109, 110
Balaão 55
Balaque 55
Baraque 63
Barnabé 186
Barrabás 173
Bartolomeu 136
Bate-Seba 79, 81
batismo 122
Batista, João 122, 138, 139
Baú da Aliança 71
beijo 29, 168, 169
Belém 68, 74, 117, 118, 119, 120
Belsazar 105
Benjamim 32, 35, 36, 37, 72
Betânia 158, 159, 162
Betel 91, 95
Bete-Milo 65
Betuel 27
bezerro de ouro 50, 51, 52
Boaz 68
bois 163

C

Cafarnaum 129, 133
Caifás 171, 172
Caim 14, 15
Calebe 56
Caná 125
Canaã 19, 20, 21, 23, 26, 31, 35, 36, 37, 46, 56, 57, 58, 60, 62
carcereiro 186
carpinteiro 117
carruagem 91, 108
caverna 76, 159, 162, 177
cedro 85
Ceia 166, 178
censo 117
centurião 174, 187, 189
Céu 26, 29, 46, 112, 115, 122, 134, 143, 145, 164, 165, 150, 152, 156, 157, 180, 181, 183, 191
colecionador 134, 136
colheita 64, 68, 181
comunidade 46, 54
Cornélio 189
corvo 16
cova 106, 162
Criação 10, 11
criminoso 169
Cristão 188
crucificação 173, 174, 180
cruz 147, 173, 174, 175, 178
cura 127, 128, 129, 133, 136, 142

D

dados 175
Dalila 67
Damasco 184
Daniel 102, 103, 104, 105, 106
Dario 105, 106
Davi 74, 75, 76, 77, 78, 79, 80, 81, 82, 86, 94
Débora 63
deserto 22, 40, 41, 46, 48, 54, 56, 74, 76, 77, 84, 88, 124
Deus 10, 11, 13, 15, 16, 17, 18, 19, 20, 21, 22, 23, 24, 25, 26, 27, 28, 29, 31, 33, 34, 37, 41, 42, 44, 45, 46, 47, 48, 49, 50, 51, 52, 53, 54, 55, 56, 57, 58, 59, 60, 61, 62, 63, 64, 66, 67, 69, 70, 71, 72, 73, 74, 76, 77, 78, 79, 82, 83, 84, 85, 86, 87, 88, 89, 90, 93, 95, 96, 97, 98, 99, 100, 101, 102, 103, 105, 106, 107, 108, 109, 110, 112, 115, 117, 118, 119, 122, 123, 124, 126, 128, 129, 131, 134, 136, 141, 143, 145, 148, 150, 152, 156, 159, 160, 161, 163, 164, 165, 166, 167, 169, 171, 172, 174, 175, 177, 178, 180, 182, 183, 185, 186, 187, 189, 191
Deuteronômio 56
Dez Mandamentos 48, 49, 51, 52, 58, 71, 93, 143, 164, 179
discípulo 113, 136, 137, 167, 171, 178, 181
doentes 127, 128, 133, 134, 136
Domingo, 160, 177

E

Éden 13
Egípcio 22, 40, 42, 44, 161
Egito 20, 21, 33, 34, 35, 36, 37, 38, 40, 41, 42, 44, 45, 46, 49, 51, 53, 56, 82, 120, 161, 167
Elcana 69
Eleazar 62
Eli 69, 71
Elias 88, 89, 90, 91, 149, 151
Eliseu 91
Emaús 178
ensinamentos 23, 112, 129, 130, 136, 165, 152, 187
Esaú 28, 29, 31
escravidão 45, 93
escravo 22, 33, 37, 38, 40, 46, 95, 186, 188
escritura 162, 165
Esdras 99
espada 55, 74, 83, 169, 171, 186
Espanha 97
espião 57, 58

204

espiões 35, 57
espírito 10, 105, 115, 122, 123, 165, 180, 181, 186, 191
Espírito Santo 115, 180, 181, 191
estábulo 117, 119
estalagem 116, 117, 150
estátua 51
Ester 110, 111
Estêvão 183
estilingue 74, 75
estrela 118, 119
Eva 6, 12, 13 e 15
Evangelhos 112
Êxodo 38, 40, 41, 42, 44, 45, 46, 47, 48, 50, 52, 53, 74, 88
Ezequias 93
Ezequiel 108

F

face 143, 169
Faraó 42, 45, 46
Fariseu 183, 184
fé 19, 25, 114, 115, 127, 129, 131, 132, 133, 134, 140, 141, 191
felicidade 15, 24, 36, 45, 97, 143, 182
Fenícia 87
ferida 13
festa 24, 67, 77, 81, 99, 105, 110, 125, 134, 138, 139, 153, 160, 181
Festival das Cabanas 85
Filemom 112, 188
filho 19, 22, 24, 25, 26, 27, 28, 29, 30, 32, 36, 37, 39, 42, 44, 45, 62, 65, 66, 68, 69, 76, 79, 80, 81, 86, 87, 89, 91, 92, 112, 115, 116, 120, 123, 124, 131, 141, 148, 149, 154, 155, 156, 157, 159, 163, 168, 172, 174, 175, 180, 183
Filho de Deus 112, 115, 124, 131, 141, 163, 172, 174
Filho pródigo 154
Filipenses 112
Filisteu 66, 71, 74
Fineias 62
fome 20, 34, 35, 154
fornalha 103
funcionários 41, 42

G

Gabriel 114, 115
Gade 62
Galileia 115, 117, 122, 126, 128, 129, 130, 134, 136, 139, 140, 141, 171, 179
Gelilote 62
Gênesis 10, 12, 14, 16, 18, 19, 20, 21, 22, 23, 24, 25, 26, 28, 29, 30, 31, 32, 33, 34, 35, 36
gentil 80, 141, 142, 143
Getsêmani 168, 169
Gibeom 60
Gibeonitas 60
Gideão 64, 65
Gileade 62
Gólgota 174, 175
Golias 74, 75
Gômer 95
Gomorra 23
governador 34, 35, 37, 172
grávida 22, 24, 114, 115, 117
Grécia 190
Grego 112, 175, 181, 185

H

Hades 157
Hagar 22, 24
Hamã 110, 111
Harã 19, 26, 29, 30
Hebreus 13, 31, 161
Hebrom 78, 80
Herodes 114, 118, 119, 120, 121, 138, 139, 165
Herodias 138
Hirão 85
honestidade 165
Hosana 161

I

ídolo 50
igreja 182, 188, 191
imposto 117, 134, 135, 136, 163
imposto sobre o templo 163
incenso 119
Inferno 156, 157
inundação 17, 18
Irã 107
Iraque 97
Isabel 114, 115
Isaías 93, 98, 99
Isaque 24, 25, 26, 27, 28, 29, 53, 56
Ismael 22, 24
Israel 31, 53, 56, 60, 62, 71, 72, 73, 76, 77, 78, 81, 82, 83, 84, 85, 86, 87, 90, 91, 93, 95, 120
Israelitas 38, 39, 40, 44, 60, 63, 64, 66, 97, 181

J

Jabes 73
Jabim 63
Jacó 28, 29, 30, 31, 32, 33, 35, 37, 38, 53, 56, 61
Jael 63
Jairo 133
jardim 13, 168, 169, 177, 180
jarra 26, 64, 89, 100, 166

Jeoseba 92
Jeremias 100
Jericó 56, 57, 58, 59, 60, 150
Jeroboão 87
Jerusalém 78, 80, 84, 86, 93, 95, 98, 99, 100, 102, 105, 106, 108, 109, 118, 119, 124, 149, 150, 158, 160, 161, 162, 163, 166, 169, 171, 173, 175, 178, 180, 181, 184
Jessé 74
Jesus 112, 114, 115, 117, 118, 119, 120, 122, 123, 124, 125, 126, 127, 128, 129, 130, 131, 132, 133, 134, 136, 137, 139, 140, 141, 142, 143, 144, 145, 149, 150, 151, 152, 153, 154, 156, 158, 159, 164, 165, 178, 182, 183, 184, 185, 186, 187, 188, 189, 190, 191
Jetro 41
Jezabel 87, 88, 92
Jó 34, 58, 101, 103, 154, 163, 167, 179

Joabe 80
João 112, 113, 114, 122, 124, 125, 127, 133, 136, 138, 139, 164, 149, 158, 160, 171, 175, 177, 179, 182, 190, 191
João Batista 122, 138, 139
Joás 92
Joiada 92
Jonas 96, 97
Jônatas 76, 78
Jope 97
Joquebede 42
Jordão 21, 56, 57, 58, 60, 62, 88, 91, 122
José 32, 33
Josué 47, 56, 57, 58, 59, 60, 61, 62, 63, 65, 73
Jotão 65
Judá 37, 87, 93, 95, 98, 99, 109
judaísmo 49, 87, 102, 110, 111, 149, 151, 172, 174, 177, 179
Judas 136, 167, 168, 169
Judeia 114, 115, 118
Judeu 110, 163
Juízes 63, 64, 65, 66, 67

julgamento 171, 172, 183
jumento 55, 80, 117, 150, 160, 161
justiça 165

L

Labão 27, 29, 30
ladrão 175
lâmpada 85, 105, 143
Latim 185
Laodiceia 191
Lázaro 156, 157, 158, 159
leão 66, 106
lei 68, 86, 99, 106, 118, 127, 129, 134, 138, 149, 150, 151, 152, 163, 165, 174, 189
lei de Moisés 138, 163
lepra 128
letras 112, 188
Levita 42
Lia 30,31
Líbano 60
Ló 19, 21, 23, 87, 93, 180
Lucas 112, 114, 115, 116, 124, 126, 130, 139, 150, 152, 154, 156, 162, 168, 170, 178
luxo 156

M

mal 13, 14, 17, 48, 74, 76, 87, 88, 113, 119, 120, 122, 134, 136, 145, 165, 186, 188
maná 46
Manassés 62
mandamento 73
manjedoura 117
Mar da Galileia 126 129, 130, 134, 136, 139, 140, 141
Mar Mediterrâneo 60, 97
Marcos 112, 127, 128, 134, 136, 148, 166, 172, 174, 176
Mardoqueu 110, 111
Maria 115, 117, 119, 120, 125, 158, 159, 177
Maria Madalena 177
Marta 158, 159
Mártir 183
Mateus 112, 118, 120, 122, 129, 132, 134, 136, 138, 140, 142, 144, 153, 164, 165
Medes 105, 107
médico 134, 158
mendigo 182
mensageiro 79, 88, 98
mensagem 41, 46, 53, 62, 73, 88, 93, 95, 97, 98, 99, 100, 105, 114, 158, 191
Meribá 56
Mesaque 102, 103
Messias 98, 171, 175, 183
Mical 76, 78
Midiã 40, 41
milagre 125, 128, 140, 159
Milca 27
Miriã 38, 39
mirra 119
misericórdia 15, 77, 165
Moabe 55, 56, 68
Moabita 55
Moisés 38, 39, 40, 41, 42, 44, 45, 46, 47, 48, 49, 50, 51, 52, 53, 54, 56, 58, 74, 88, 138, 149, 151, 157, 163, 165, 167
Montanhas de Abarim 56, 167

Monte Carmelo 90
Monte das Oliveiras 164, 169, 180
Monte Hebrom 149
Monte Tabor 63
Moriá 25
morte 37, 44, 45, 58, 63, 66, 71, 75, 78, 81, 83, 132, 133, 134, 157, 159, 160, 191
mula 81

N

Nabal 77
Nabote 87
Nabucodonosor 102, 105, 108
Naor 27
Naomi 68
Natã 79, 81
navio 97, 187
Nazaré 115, 117, 120, 125, 178
Nazireu 67
Neemias 109
Nilo 34, 38, 42
Nínive 97
Node 15
Noé 16, 17, 18, 89
noiva 30, 66, 153, 191
noivo 153
Norte da África 175
nota 11, 15, 44
Novo Testamento 112, 113
Números 38, 54, 55

O

Oceano Índico 97
oficina 100
óleo 65, 72, 81, 85, 89, 150, 153
Onésimo 188
orar 25, 93, 97, 106, 119, 140, 144, 145, 149, 163, 169, 182, 183
Orpa 68
Oseias 94, 95
ouro 27, 45, 51, 71, 84, 85, 93, 105, 108, 119, 143, 149, 190, 191
ovelhas 15, 20, 21, 42, 45, 59, 74, 75, 95, 117, 152, 163

P

pães 44, 139, 140
pai 19, 27, 29, 30, 32, 35, 37, 42, 49, 65, 74, 76, 78, 80, 86, 90, 91, 125, 143, 145, 154, 155, 157, 159, 169, 175, 177, 180
Pai-Nosso 144, 145
palácio 20, 39, 71, 79, 81, 84, 87, 92, 104, 108, 110, 111, 173
palma 85, 160, 161
pão 44, 46, 60, 68, 77, 88, 89, 108, 124, 139, 140, 145, 167, 178, 179
parábola 130
Paraíso 157, 175
paralítico 129
parede 55, 98, 101, 104, 105, 109, 110, 114
Páscoa 44, 139, 160, 161, 163, 166, 167, 169, 173, 175, 181
pastor 15
pátio 162, 163, 171
Patmos 190
Paulo 112, 185, 186, 187, 188
pecado 14, 95, 98, 164, 183, 191
pedra 29, 47, 49, 51, 52, 59, 61, 71, 75, 108, 124, 164, 159
Pedro 112, 126, 133, 136, 149, 165, 169, 170, 171, 177, 178, 179, 182, 189
peixes 10, 42, 97, 127, 139, 140, 179, 185
Peniel 31
Penina 69
Pentecostes 181
peregrino 163
perfume 95
pérola 190
Persa 110
pescadores 126, 127
peste 42, 44, 71
pomba 16, 122, 123
Pôncio Pilatos 172, 177
pote 46, 100, 125
pote de barro 100
Potifar 33
príncipe 40
pródigo 155
profecia 90, 112
profeta 55, 72, 79, 81, 90, 93, 95, 97, 100, 108, 149, 151, 161
punição 20, 114, 138, 164, 173

Q

Quetura 27

R

Raabe 57
rainha 85, 87, 88
raiva 13, 52, 143
Raquel 30, 31, 32
Rebeca 26, 27, 28, 29, 30
rei 20, 33, 34, 36, 38, 40, 41, 44, 45, 55, 57, 63, 65, 70, 71, 72, 73, 74, 76, 78, 80, 81, 82, 83, 84, 85, 86, 87, 88, 90, 92, 93, 102, 104, 105, 106, 109, 110, 111, 114, 118, 119, 120, 138, 165, 153, 161, 172, 173, 175, 178
rei dos judeus 118, 172, 175
reinado 76, 85, 86, 87, 92, 93, 105
reino 11, 73, 84, 86, 94, 95, 105, 106, 120, 145, 164, 166, 175
reis 60, 79, 81, 82, 83, 84, 85, 86, 87, 88, 90, 91, 92, 93
ressurreição 149, 158
riacho 88
rico 53, 79, 82, 84, 101, 103, 156, 157
Rio Jordão 57, 58, 88, 91, 122
Rio Quisom 63
Roboão 87
Romano 145, 172, 173, 174, 177, 185, 187, 189, 191
Romanos 112, 118, 172, 188
Rúben 62
Rute 68

S

Sabá 84, 86
Sábado 11, 49, 92, 123, 129, 177
sacerdote 41, 62, 69, 81, 92, 99, 114, 150, 171, 172
sacrifício 25, 73, 90
sal 23, 143
Salomão 81, 82, 83, 84, 85, 86, 87
Salomé 138
Salvador 116, 117, 118, 165
Samaria 87, 95, 151
Samaritano 150, 151
Samuel 69, 70, 71, 72, 73, 74, 76, 77, 78, 79, 80
sangue 15, 33, 42, 44, 167
Sansão 66, 67
santificado 145
santo 41, 48, 49, 74, 88, 98, 99, 105, 115, 178, 180, 181, 191
Sara 19, 20, 22, 24, 25, 26, 27, 28
sarça ardente 41, 45
Sarepta 88
Satanás 101, 103, 124
Saul 72, 73, 74, 76, 77, 78, 183, 184, 185, 186
Senaqueribe 93
Senhor 15, 16, 17, 19, 22, 23, 24, 25, 26, 27, 29, 41, 42, 46, 47, 48, 49, 50, 51, 52, 53, 55, 56, 58, 61, 62, 63, 64, 67, 69, 70, 72, 74, 77, 78, 79, 88, 90, 92, 94, 98, 99, 100, 106, 108, 114, 115, 120, 124, 141, 144, 145, 149, 161, 183, 184, 189
sepultura 159, 176, 177
sermão 100, 126, 136, 141, 142, 143
Sermão da Montanha 142, 143
serpente 13, 41, 42
Salmaneser 93

207

Silas 186
Simão Pedro 141
Simão, o apóstolo 112, 126, 127, 136, 175
Simeão 35
sinagoga 133, 165
Sinai 41, 45, 48, 50, 52, 53, 74, 88
Siquém 65
Síria 186
Sísera 63
Sodoma 23
sumo sacerdote 69, 81, 171, 172

T

Tadeu 136
tapete 129
Tarso 185
tempestade 90, 96, 97, 101, 103, 130, 131, 141, 187
templo 67, 69, 78, 85, 87, 92, 93, 98, 99, 100, 105, 114, 124, 161, 162, 163, 164, 165, 169, 174, 175, 180, 182
Tentação 12, 145
Terra Prometida 54, 56, 57, 58, 149
testemunha 62
Tiago 112, 127, 133, 136, 149, 179
Timóteo 112, 188
Tiro 85
Tito 112
Tomé 136, 179
traição 87, 92
Transfiguração 148
transgressão 145
três reis magos 118, 119
tribo 47, 72
trompete 59, 64, 81
trono 38, 84, 92, 98, 105, 120, 191

U

Última Ceia 166
unção 81
Ur 47
Urias 79

V

Vale do Rei 80
vida 11, 13, 15, 16, 17, 40, 66, 69, 74, 76, 82, 83, 92, 102, 106, 112, 133, 157, 158, 159, 160, 169, 189
vidro 190, 191
vinho 65, 77, 99, 105, 109, 125, 134, 150, 166, 167, 175
visão 98, 165, 185, 190
vizinho 145, 150

X

Xerxes 110, 111

Z

Zacarias 114, 161
Zadoque 81
Zípora 41